中外巨人传

毕　昇

齐　心　著

辽海出版社

图书在版编目（CIP）数据

毕昇 / 齐心著 . — 沈阳：辽海出版社，2012.5
（2019.1 重印）
ISBN 978-7-5451-1597-0

Ⅰ.①毕⋯　Ⅱ.①齐⋯　Ⅲ.①毕昇（约 971–1051）—
生平事迹　Ⅳ.① K826.16

中国版本图书馆 CIP 数据核字（2019）第 024837 号

责任编辑：柳海松
责任校对：顾　季
装帧设计：马寄萍

出 版 者：辽海出版社
　　地　　址：沈阳市和平区十一纬路 25 号
　　邮　　编：110003
　　电　　话：024–23284473
　　E–mail:dyh550912@163.com
印 刷 者：天津海德伟业印务有限公司
发 行 者：辽海出版社

幅面尺寸：165mm×230mm
印　　张：10.5
字　　数：113 千字

出版时间：2012 年 5 月第 1 版
印刷时间：2019 年 1 月第 4 次印刷
定　　价：25.00 元

·目 录·

毕　　昇

前　言

毕昇，是我国古代四大发明之一——活字版印刷术的发明者。他在宋仁宗庆历年间(1041—1048)用胶泥刻字，每字一印，用火烧硬，在铁制的框子里排列字印，用松脂、腊和纸灰调制成药品，通过火烘以固定，使之成为一整体，用这种方法可以印千余本书籍。其印刷工艺原理与现代铅字排版印刷大体相同。

毕昇所创胶泥活字印刷，不仅是我国印刷术发展史上的一次革新，也是人类印刷事业发展中的一大创举，这对世界文化的发展与交流，对人类文明的传播，有着极其深远的影响。我国印刷术曾先后传入邻近的朝鲜、日本、越南、菲律宾，并西传至伊朗，影响了非洲的埃及和欧洲、美洲、澳洲，传遍了全世界，这是中国人民对世界文明作出的伟大贡献。马克思高度评价火药、指南针、印刷术："是预告资产阶级社会到来的三大发明。火药把骑士阶层炸得粉碎，指南针打开了世界并建立了殖民地，而印刷术则变成新教的工具，总的来说变成科学复兴的手段，变成对精神发展创造必要前提的最强大的杠杆。"毕昇所创造活字印刷术比明永乐十八年（1420）朝鲜铜活字印刷的《孝顺事实》早出近400年，也比明景泰元年（1450）德国人谷登堡用所制活字模浇铸铅

合金活字排版印刷的《四十二行圣经》早出400余年。

　　他的这项伟大发明，虽然为世界文明的传播作出了卓越贡献，可是关于他个人的事迹，在我国浩如烟海的板印史籍中却所传甚少，只是在当时一位对科学技术怀有浓厚兴趣和炽烈热情并有独到见解的官员兼学者沈括所著的《梦溪笔谈》一书中被印出了274个字，即：

　　"庆历中，有布衣毕昇，又为活板。其法用胶泥刻字，薄如钱唇，每字为一印，火烧令坚，先设一铁板，其上以松脂蜡和纸灰之类冒之。欲印则以一铁范置铁板上，乃密布字印，满铁范为一板，持就火炀之，药稍溶，则以一平板按其面，则字平如砥。若只印三二本，未为简易；若印数十百千本，则极为神速。常作二铁板，一板印刷，一板已自布字，此印者才毕，则第二板已具，更互用之，瞬息可就。每一字皆有数印，如之、也等字，每字有二十余印，以备一板内有重复者。不用则以纸贴之，每韵为一贴，木格贮之。有奇字素无备者，旋刻之，以草火烧，瞬息可成。不以木为之者，木理有疏密，沾水则高下不平，兼与药相粘，不可取，不若燔土，用讫，再火令药溶，以手拂之，其印自落，殊不沾污，昇死，其印为余群从所得，至今保藏。"

　　这则笔记，只是对毕昇所创活字版的制作，运用、效果及活字印的最终归宿叙述较详，而对发明者的生平如籍贯、家世、经历、生卒年月等均未涉及。当时的官修正史更没有毕昇的地位，而其他"稗官野史"也未发现任何线索，这就使对这位世界性的科学技术伟人的研究，留下了许多悬案。然而，饮水思源，作为中华民族的子孙我们不能忘记北宋活字印刷术发明者毕昇的功绩。在世界印刷史上，他将永远居于最重要最光荣的地位。

一、毕昇所处的文化繁荣、科技兴盛的北宋

我国古代劳动人民的四大发明是我们中华民族最引以为骄傲和自豪的四颗璀璨夺目的科技巨星，是我们祖先对世界文明发展的最杰出贡献。马克思把这四大发明视为"预告资产阶级社会到来的发明"。

英国伟大的哲学家培根说："印刷术、火药和指南针，曾改变了整个世界事物的面貌和状态。"四大发明中，火药的发明在军事上对西方新兴资产阶级武装推翻中世纪封建统治阶级起着极为重要的作用；指南针的发明则在经济上促使西方新兴资产阶级利用它开辟了航海事业，组成强大船队开拓世界市场，掠夺殖民地，进行资本的原始积累，发展了资本主义的经济实力；而印刷术（包括与之联系的造纸术）的发明，在思想上成为新兴资产阶级制造革命舆论、进行启蒙教育、传播资产阶级观点和主张的重要工具。

正如马克思所说："总的来说变成科学复兴的手段，变成对精神发展创造必要前提的最强大杠杆。"这里所说的印刷术，在西方世界一般专指活字印刷术，它的发明者正是我们故事的主人公——毕昇。

毕昇生活在我国古代北宋仁宗年间，他的出生年月史书上没有记载。去世的时间据推测，大约是公元1051年。他从年轻时开始，就一直在杭州的一家书坊当一名印刷工匠，是一位普普通通的劳动者，一生没有做过朝廷和地方政府的任何官职。古时候，没有做过官的人，被称为"布衣"，意思是穿不起绫罗绸缎，只能穿粗布衣服的普通平民百姓。毕昇正是这样一位普通平民，因此，被人称作为"布衣毕昇"。毕昇生活的北宋时代，刚刚由五代十国分裂割据的局面走向统一，社会生活相对安定，因而社会经济有了较大的发展。农业上由于新的耕作工具的采用，新的粮食品种的引进，生产有较大幅度的提高，农田面积大为增加。

北宋手工业的发展十分显著，独立的手工业者的数量较前代增多。自从唐代实行按人口交纳租庸调的方法以来，民间各种工匠对封建中央政权的人身依附关系有所减轻。工匠们与种田农民相同，每年只需为国家服20天的劳役，如果不愿服役也可以交纳丝绢或布匹代替。唐朝初年规定，民间工匠必须到官府的手工业作坊中服一定时间的劳役，以后，一般也都可以用交纳丝绢或布匹来代替了。北宋更采取了计亩纳税的办法，就是把田地的多少作为交纳赋税的主要根据。主要的赋税、差徭负担都集中到了占有田地的民户身上。没有田地的民间工匠一般只交纳人头税，即"丁口之赋"一类的赋税，日子较以前稍好一些。这样一来，这些工匠的生产积极性和创造性都得到一定程度的提高。在手工业者当中，一般分为作坊主或店主、工匠和学徒3个截然不同的等级。毕昇就属于工匠阶层。

北宋手工业中，瓷器的制造在产量或制作技术方面，都比前代有很大提高，烧制出来的瓷器精美绝伦，"青如天、明如镜、薄如纸、声如磬”，至今宋代官窑制作的瓷器仍是瓷器中的上品。

北宋的造纸业、雕版印刷业也十分发达，当时有很多城市分别用竹子、大麻、檀、楮和木棉等不同原料，制造质地不同的纸张。福建的建阳、安徽的徽州、四川的成都以及江浙地区的许多地方，都已成为纸的著名产地。

在农业和手工业都有很大发展的基础之上，北宋的商业也比前代有了更大的发展。农村中已出现了定期的集市。城市经济十分繁荣，毕昇所处的杭州不仅是一个繁荣的大城市，还是北宋对外贸易的主要口岸之一。

北宋社会经济的发展，带来了文化和科学技术的兴盛，各个领域都有许多成就。

哲学上，在佛教哲学和道家思想渗透到儒家哲学以后，北宋出现了一个新儒学派——理学。理学是地主阶级新的思想理论体系，一度对当时社会的发展起过好的作用，并形成了纷纭复杂的理学流派，北宋中期有周敦颐的濂学、邵雍的象数学、张载的关学、二程的洛学、司马光的朔学。理学在思辨哲学方面的发展，是人类历史上的一大进步。

文学也取得了较大的成就，反对华而不实文风的古文运动一直是北宋文坛上的一个主流。北宋诗、词的水平很高。当时还出现了一种内容为演说佛经故事或历史故事的话本小说。北宋的戏曲也较前代有所发展，当时傀儡戏、影戏、杂剧都已十分流行。

北宋史学上的成就非常突出，宋仁宗、宋神宗年间的著名史学家司马光在毕昇发明活字印刷术稍后的二三十年，编纂成了我国历史上第一部编年史巨著——《资治通鉴》。当时北宋政府设置

史官，分别纂修实录、国史、会要等类史书，内容都较前代的同类史书更为详备。

北宋科学技术的成就更是辉煌灿烂。除了毕昇发明活字印刷术之外，用火药造的火药武器——火器在北宋得到迅速发展，并应用在当时对西夏、辽、金、元的战争中。指南针用于航海，也是公元 11 世纪在我国的北宋实现的。北宋在天文学上也作出了较大的贡献，北宋人苏颂和韩公廉等人，吸取了天文学方面的知识和齿轮应用技术上的成就，创制成了人类有史以来的第一台"天文钟"，也叫"水运仪象台"。北宋的医学上也有较大成果，政府和私人都编辑、刊印了一些医药学或医方的书籍。和毕昇同时期的医官王惟一设计用铜铸成人体模型，刻画经络穴位，标注名称，这是北宋医生在医学上的一大贡献。

正是这样一个文化繁荣，科技发达的伟大时代，对毕昇的一生产生了极大的影响。

二、杭州书坊的雕版工

　　毕昇从十几岁开始，就进了杭州一家私人书坊当学徒。这家书坊是当时杭州的一个书商设立的专门刻书贩卖的刻书机构。在书坊里，封建等级十分分明，学徒是地位最低，最受剥削的。毕昇到书坊后，勤学好问，很快学会了雕版印刷的基本技艺。当时书坊雕版印刷的方法比较复杂，一般先选用梨木、枣木、梓木、黄杨、银杏、皂荚等木料做成版材，这些木材纹理光滑均匀，易于雕刻。具体的步骤是在雕刻前，先将文字抄写在薄纸上，反过来用米糊粘贴在木板上。等米糊干后，将纸背刮去，只留一层薄得透明的纸膜，可以看到文字的反文。然后再用刀凿等工具顺着字的笔画雕刻凿削，把每一笔字画都凸出来。木版雕好以后，在上面刷上墨，再把纸铺在木板上，用软刷在纸背上均匀地刷。这样字就能印到纸上，将纸揭下来后就能看到白底黑字的清晰的正文。它字迹工整，大小均匀，就像我们今天的图书一样。

　　当时书坊的工匠一般分工较细，负责写字的工匠叫写工，负

责雕刻书板的工匠叫刻工，负责将文字印刷到纸上的工匠叫印工，还有专门负责装订成书的裱糊匠等等。毕昇在当学徒的过程中，对雕版印刷的每个环节都不放过，努力地学习，他逐渐熟悉了雕版印刷的各个程序，对刻工、印工的技术都掌握得十分娴熟。几年以后，毕昇终于成为一名熟练的书坊印刷工匠。

毕昇所学会的雕版印刷的方法已有一段历史了。但最早人们并不懂得雕版印刷的方法，那时文化的传播非常艰难，书籍的形式也十分落后。

早在远古时代，没有文字，人们相互传达信息，只有依靠语言来交流。可如果遇上不能当面交谈而需要把事情记下来的情况，该怎么办呢？在我国古代，就曾有"结绳记事"、"契木为文"的传说。

"结绳记事"，就是在绳子上打结，利用各种绳子的长短不同，颜色不同和绳结的大小、形状、数目的不同，从而用不同绳子上的不同绳结来代表各种不同事情。据说绳子上打的结，一般大结代表大事，小结代表小事。这种方法是非常笨拙的，时间长了，绳结所代表的事情也常常容易忘记。

后来又有了"契木为文"的方法，就是在木头上刻画出各种纹路和简单的记号，用来代表某些事情或表达自己的意思。这种方法虽然比"结绳记事"有些进步，但慢慢地简单的记号已不能表示各种复杂事物的具体情况。后来，逐步发展到用刻画符号来表达较复杂的内容。

人类早在旧石器时代，就会画一些简单的图画。在用记号、符号记事的同时，也画一些事物的形象来记事。图画可以表现具体的形象，表达更复杂的内容，但画起来很费事。后来，将这些

图画的形象通过高度概括简化，用线条来表示，这样就产生了象形文字。

这些符号和文字除了刻在木头上，也刻在陶器上。这种刻在陶器上的文字,称为陶文，这是我国早期的文字。

文字产生以后，人们逐渐使用文字记事，传达信息。并将书籍作为文化传播的主要工具。但由于起初没有纸，人们只好利用一些非常笨重或昂贵的材料来做成种种奇特的书。

大约离现在有 3000 多年的我国殷商王朝时，人们把乌龟的背甲和腹甲、牛的肩胛骨等各种各样的兽骨当成书写材料，把需要记载的事情用刀刻写在上面。他们还把一片片刻写好文字的龟片穿一个小孔，再编上序号，最后串连成册，就成了一页页的图书，我们称之为"甲骨的书"。这种奇特的书是我国最古老最原始的一种书籍。在可认识的汉字中，甲骨文是最古老的文字体系，已经发现的甲骨文单字约在 5000 个以上，能够认识的约 1700 字。甲骨本身很笨重，并且多已破碎；甲骨文的形态和我们今天的文字差别很大，一般人几乎不能认识它，而且文字的内容都是关于占卜的记录。占就是占卦，卜就是问事，商王凡事必须通过占卦来决定。占卜的记录，叫做卜辞。卜辞用词简单，内容广泛，许多内容目前还不清楚。

除了在甲骨上刻写记事的"甲骨的书"以外，在商朝后期又有了在青铜器上铭刻文字的书，我们叫它"青铜的书"。青铜器是用铜、锡、铅 3 种金属按一定比例浇铸而成的合金金属器物。在当时青铜的用途十分广泛，既可做成镰、斧、铲之类的生产工具，又可以做成戈、矛、戟、剑等等作战的武器，还可以制成各种各样的货币。也能用在日常生活当中，像盛食物的食器，装水的水

器，装酒的酒器，以及乐器等等，都能用青铜制成。除此之外，青铜还有一样特别重要的用途，就是制成器物用在贵族们祭神、祭祖、战争、盟约、典礼等重大活动中，这种用途的青铜器叫做"礼器"或"吉金"。

那时的贵族，凡有重要文件需要长期保存的，或者有重大事情需要永远纪念的，就铸造一件青铜器，把要记录的文字浇铸在上面，或者是雕刻在上面。春秋战国时，郑国、晋国都曾把法律铸在一种叫"鼎"的青铜器上公布，称为"刑书"、"刑鼎"。

青铜器上刻的文字字数很不一样，有的上面刻的文字很少，只有几个字，而有的青铜器刻的文字就比较多。例如古代周朝的毛公鼎，上面刻有492个字之多，这是传世的古代器物上刻字最多的一件。这种青铜的书一直保存在现在，毛公鼎现在收藏在我国的台湾省。

我国古代还有一种把一篇作品或一部著作全部刻在石头上供人阅读的书，叫做"石头的书"，也称"刻石"。流传至今最早的石头的书，要算古代春秋战国时期秦国的石鼓。它是唐朝初年在陕西凤翔县发现的，形状就像鼓一样，所以叫做"石鼓"，它的颜色晦暗，呈暗褐色，非常坚硬，上面刻着一首歌颂田野美好生活的四言诗歌。

到了东汉王朝，又出现了一种新的石头的书——石经。那时的图书，都是依靠传抄，自然难免出现错误和缺漏。尤其是儒家经文，是儒家思想的经典著作，在那时是读书人学习的主要课程，就像今天学生的教科书一样重要。可是儒家经文也因为代代相传全靠手抄，出现了各种各样的错误。当时，有一位著名的学者叫蔡邕，他为了给大家提供一个正确无误的经文样板，以国家所藏

的经文文本为依据，亲手把经文抄在石碑上，再由刻工陈兴一个字一个字地镌刻出来。蔡邕用了8年的时间，一手书写了20多万字，共刻了42块石碑，终于刻完了所有的儒家经文。这在当时是一件非常了不起的事情，受到读书人的热烈欢迎，他们争先恐后地去学习、抄写这个标准的经文文本。

蔡邕的石经刻在东汉熹平年间，后人称之为"熹平石经"。这部石经，经过历代的搬移而受到损坏，到今天，只剩一些残石了。但在石头上刻写经文、以提供正确文本的这种做法，一直沿用下来。例如：三国时有"三体石经"；唐朝时有"开成石经"；宋朝时有"北宋国子监石经"；清代有"清乾隆石经"等等。

石头作为一种图书材料，远远胜过青铜器。石头大而重，一般较难毁弃，可以刻写文字的地方很大，而且取材很容易。而青铜器不仅制作上费工费时，并且容易毁坏，不易永久保存。所以，秦汉以后，石头的书逐渐取代了青铜的书。

无论是甲骨的书还是青铜的书，阅读、携带都极不方便，而且甲骨、青铜器取材都很有限，石头的书虽说取材不受限制，可几乎无法携带，如果有谁想要阅读石头的书，就得自己走去。可见，这些书使用起来是多么不方便。在周朝末期，古人还发明了"竹木的书"，开始用竹片和木板做成图书材料。竹片、木板都是比较容易找到的材料，也能够携带，况且要写的文章篇幅也可以不受限制。

竹木的书也称"简册"、"简牍"、"版牍"等等。一般用竹片写的书称为"简册"，而用木板写的书则叫做"版牍"。竹木的书制作过程是比较精细的。一般取用杨木、柳木一类色白、质轻、易于吸收墨汁的木材。采用竹片作材料就更复杂一些，先要把竹

子外表的青皮刮去，再用火烘干，以防止虫蛀。因为烘干竹子时，竹子表面要出水，就像人身上出汗一样，所以古人称之为"汗青"。然后，把竹木都整治成整齐、平整的薄长条。这时笔墨已发明，人们就用笔墨在长条形的竹木简上面从上至下、从右至左竖行书写文字，写错的字用刀削去后再重新书写。写好文字的竹木简，最后用丝绳、麻绳或皮条一片片地编连起来，一般上下编两道绳子。最前面两根竹木简通常都是不写字的，叫做"赘简"，意思是多余的竹木简，在上面写上书名或篇名。保存时，以最后一根，也就是最左边的一根竹木简为轴心，把编连好的竹木片卷成一个圆筒。这样，两根不写字的"赘简"正好露在最外面，既方便阅读时查看书名或篇名，又起着保护里面文字不被磨损掉的作用，就像今天图书封面一样。

竹木的书比起甲骨的书、青铜的书、石头的书的确是方便多了。虽然如此，可它仍然有诸多不便。首先，读起来还是够麻烦的。竹木简不但翻动起来相当笨重，而且日子久了，翻动的次数多了，编串竹木简的绳子、皮带都还容易断，带子断了，简的次序一乱，就不容易读，要整理和重编又得花费许多时间。我国古代的大学问家大教育家孔子，他老年时用功研究《易经》，由于时常翻动，那竹木简的皮带就断了三次，这就是人们说的"韦（皮带）编三绝"的典故。由此可见读简册的困难了。其次简册体积大，分量重，携带很不方便。据说战国时候有个学问家惠施，他外出旅行常用五辆车装载着随带的书籍，所以后人称赞读书很多的人为"学富五车"。其实五车简册的内容远远比不上今天的一车书了。汉朝有个文学家叫东方朔，他写信给汉武帝献策献计，这封信一共用了3000多片竹简，要用两个人才抬得起来。汉武帝用

了两个月的时间才看完。还有，东汉初年，光武帝把图书搬到洛阳，就用了2000多辆车子去装运。这些事例说明简书携带起来实在太不方便了。简册有这样一些缺点，不仅给古人的学习带来困难，也对文化的传播和发展十分不利。

在竹木的书盛行的同时，出现了写在一种叫"缣帛"的丝织品上的书，我们称之为"缣帛的书"，也称"帛书"。

我国是丝织文化的发源地，传说公元前3000年，我们的祖先嫘祖就发明了养蚕织丝的技术。到了殷代，起初只是贵族用精美的缣帛做成华丽的衣服。后来，丝织技术越来越高超，生产出来的缣帛渐渐地多起来了。人们就开始把缣帛作为一种图书材料，用笔墨在上面书写文字做成缣帛的书。一般是先用毛笔在缣帛上面写好一篇文章，然后就裁成一段，一篇文章一段，再把一段卷成一束，叫"一卷"。后来写书的人把一篇完整的文章叫做一卷，就是从这里来的。以后"卷"就成了书籍内容数量的一个单位，一直沿用到今天。

缣帛的书比起竹木的书有很多优点。缣帛质地轻柔光润，写起字来比竹木更易收墨。缣帛表面洁白，书写文字更为清晰。用缣帛写书，长、短、宽、窄可以根据文字多少的需要随意剪裁，十分方便，而且可以随意折叠或卷起，收藏、保存都比较容易，携带也方便。竹木的书不仅笨重，而且翻阅时间长了编连的绳子易磨断，造成脱漏，或者是次序颠倒，整理起来很费时，缣帛的书就不会出现这种情况。可以说缣帛是当时最佳的图书材料。

既然缣帛的书有那么多优点，可为什么它没有能完全取代竹木的书，而只是和竹木的书并行使用呢？这中间主要的原因是缣帛的产量虽然提高了，但生产缣帛的成本仍然较高，价格十分昂贵，

普通的读书人是负担不起的，自然也就对此不敢问津了，只好仍然采用笨重的竹木的书。所以，缣帛的书在当时一般是少数有钱人才能使用的，而且常常用在一些竹木的书所不能替代的特殊地方。

前面我们讲到的所有种种"奇特的书"，它们都有一个与现在的图书最不同的特点，无论是甲骨的书、青铜的书、石头的书，还是竹木的书、缣帛的书，都不是用纸作材料的。因为在汉代以前没有纸，人们还不懂得造纸技术。随着社会的发展，到了东汉，文化越来越兴盛，图书的需求量逐渐增多，怎样才能找到一种既轻便又低廉的图书材料呢？

西汉时候，当人们还用竹帛写字时，就有了一种丝质的"絮纸"。"纸"字的左半边是"纟"，就是因为原始的纸是用蚕丝纤维制成的。那种絮纸可能是漂洗棉絮的劳动妇女首先发明的，是她们从废料中捡出残余的蚕丝纤维制出的副产品。由于原料来源有限，产量不多，絮纸并没有用作书写材料，但是它提供了一个可贵的造纸方法。随后，劳动人民在制造絮纸经验的基础上，又制出了最早的植物纤维纸——麻质的纸。不过早期的麻纸很粗糙，还不足以代替缣帛和竹木简作为书写材料。

到了东汉时期，宦官蔡伦总结前人和当时各地能工巧匠的经验发明了用树皮、麻头、破布和旧渔网等各种低廉的原料造纸的方法。然后将这种造纸方法上奏汉和帝，得到皇帝的赞赏。以后，蔡伦的造纸术就在社会上逐渐推广开了。他发明的这种纸被人们称为"蔡侯纸"。"侯"是当时皇帝封的一种官爵，蔡伦当时被皇帝封侯，所以人称"蔡侯"。

纸的发明是文化史上的一件大事，它为著书立说提供了极为

有利的条件。用纸写成一卷书，可以代替一车竹木简策，它比竹木轻便，比缣帛成本低廉。到了公元三四世纪时，纸逐渐取代了竹木和缣帛，成为最主要、最普遍的图书材料，这就和当今图书的材料完全相同了。但由于当时还没有发明毕昇时代采用的雕版印刷术，人们只好依靠手抄笔耕，逐字逐句地把文字抄写在纸上，这样抄写成的书，称之为"纸写本书"或"写本"。

东汉以后，直到隋唐，历朝的皇帝都非常重视抄书、藏书。不仅官方抄书、藏书。私人也抄书、藏书。唐玄宗时，设立了修书院，专门掌管抄书、校书的工作。当时，一些以抄书为职业的人被人们称为"经生"。

尽管纸写本书的材料已是非常轻便，但是，一字一句的手工抄书的方式仍然是非常费事的，既慢又容易出现错漏，常常是一本书相互传抄，以讹传讹，最后错得面目全非。一部宝贵的著作，假如只有一个或几个抄本，一旦遇到天灾人祸，这部好书就容易被彻底毁灭掉。我国古代有不少有名的典籍因此没有保存下来，实在可惜得很。我国古代劳动人民经过反反复复的摸索、实践，终于在唐代发明了雕版印刷，这种技术就是后来毕昇在杭州书坊里所学到的。

雕版印刷术在唐代发明不是偶然的，追溯起来有一定的历史渊源。从雕版印刷的基本原理来看，可以说我国古代的印章、石碑的摹印和拓印技术是它的先导。下面，让我们先来看看印章对雕版印刷发明所起的作用。

我国古代春秋时代，商品交换日益频繁，需要有一种信用的凭证，保证货物的安全转徙或存放，印章就在这个需要上通过群众的创造应运而生。

　　古代印章原来叫"玺印"，起初玺印是玉石制作的，只是作为一种装饰品佩带在身上，后来成了用来证明身份、代替签字画押的东西。秦代以后，皇帝的印章称"玺"，臣下的印章称"印"。到了汉代，将军、太守，御史一类的人用的印章叫"章"。汉武帝以后，一般就连称"印章"了。

　　印章的制作方法有两种：一是"铸印"，就是先做一个印模，刻好印文，再用泥土做成印范，将熔化的金属倒入印范，冷却后倒出，就做成了印章；另一种叫"凿印"，就是直接在印坯上雕刻出文字，做成印章。一般玉石一类的非金属印章，不能铸造，只能用刀凿刻。印章上的文字一定要是反文，也就是通常所说的反手字，印出来的文字看起来才是正字。印章上的文字有两种情况；较多的一种叫阳文，就是文字高于平面，字画是凸出来的；另一种叫阴文，印章的文字低于平面，字画是凹进去的。

　　前面我们讲过，在纸发明以前，古人是用竹木和缣帛写书的。因为缣帛较贵重，一般的书信就写在竹木上面。大家知道，往来书信总是希望保密的。我们现在寄信，只需要把信装在信封里，封上信封口，贴上邮票，就可以既保密，又能送到收信人手中了。古时候传递书信则靠驿站，送信人赶着马车，把邮件从一个驿站送到另一个驿站，最后到达收信人手中。竹木上写的信怎么才能保密不被驿站的送信人看见呢?古人就发明了一种封泥。先把竹木简卷成一卷，用绳子捆结实，然后在绳子打结的地方涂上一块湿的封泥，再在泥上盖上印。等封泥干后，就清楚地留下了印章上的文字。这样收信人收到书信后，首先看看封泥上的印文是不是完好无损，如果是的，那就说明送信人没有私自拆看信件。当时传递货物也是采用封泥的办法。

到蔡伦发明了纸，那么印章怎么才能在纸上盖出字迹来呢？南北朝时就有人发明了一种红色印泥，这种红色印泥直到现在还在使用，先把印章在红色印泥中捺一下，就能在纸上盖出来红的印文。南北朝以后，官印不再用文字凹进去的印章，而都用文字凸出来的那种印章，因为这种印章印在纸面上白底红字，非常醒目、清晰。

印章原来刻字比较少，但到了汉代，流行佩带一种大印，上面刻有 30 多个字，用来驱鬼辟邪。据古书记载，后来又有一种越章印，宽 4 寸，刻有 120 多个字。

印章文字刻成笔画凸出，印在纸上字迹清晰，以及印章刻字的增多，给了当时深受抄书之苦的人们以极大的启示。人们联想到，如果把书的内容反刻在木板上，文字刻成凸出来的，然后像盖图章那样把字印到纸上，那么只要刻出一个板子，就可以不断地印出十分清晰的同样的文字来，岂不是比用手抄书快多了吗？这样一来印章就成了我国雕版印刷术发明的先导之一。不仅如此，印章的基本原理还直接孕育了毕昇活字印刷的发明。

古代的摹印、拓印技术的发展对雕版印刷发明的影响更为直接。摹印和拓印石碑的方法，出现在我国古代的东汉时期，我们在前面曾经讲过东汉学者蔡邕在石碑上刻写儒家经文，制成"熹平石经"的事，石碑上的文字是刻成笔画凹进去的。多人前往抄写、学习。后来人们为了迅速、准确地得到石经的内容，就在石经上涂上一层薄薄的墨汁，然后把纸平铺在石碑上，用手轻轻地抚摩，于是在纸上接触石碑的一面印出了黑底白字，这就叫"摹印"。这种方法比抄写快多了。但出来的字是反字，阅读起来很不方便。后来经过改进发展，又发明了拓印。先把纸用水浸湿，平

铺在石碑上，上面盖上毡布，用刷子或木槌轻轻地拂拭拍打，使纸嵌入字痕的凹槽，等纸稍干，在纸上轻匀地刷上一层墨汁。因为字是凹进去的，贴在字上的纸面不着墨，于是揭下来就成了黑底白字正字的拓本。

既然从石碑上可能得到黑底白字的拓本，那么用木刻代替石刻，把书籍刻在上面，文字刻成凸出来的，不就能得到白地黑字的印刷品了吗？经过反复研究改进，在印章、摹印和拓印技术的启发下，我国劳动人民在人类历史上最早发明了雕版印刷术。

雕版印刷发明后，起初是用在刻印佛像和佛经。现在发现的早期印刷品大都与佛教有关。如公元868年刊印的《金刚经》，公元956年至975年刊印的《宝箧印陀罗尼经》都是佛经。特别是《金刚经》，这是现存世界上最早的雕版印刷物，经文前面还有印刷非常精美的扉画，它既是最早的雕版印刷本文字，也是最早的雕版印刷版画，可惜已被英国人斯坦因盗走了，现存大英博物馆。直到10世纪，雕版印刷才开始用到印刷儒家典籍上。从此以后，印刷术才得到广泛应用，通过官方、民间、佛寺和书商的努力，技术日益改善。

雕版印刷一直成为我国古代图书印刷的主要形式，在唐朝非常盛行，印刷的技术也很精湛。除前面所说的《金刚经》外，在敦煌石窟中还发现过其他唐印本。五代十国时，统治阶级和佛教徒们都大力提倡刻印书籍。当时有一个叫冯道的宰相，鉴于民间流行的儒家经文的文本不一，为了使读书人有一个标准的文本，他仿效汉代的蔡邕，重新雕版刻印了《九经》。

当时还有私人出钱刻书的，有个人叫毋昭裔，年轻时向人借书学习，别人不借，就下决心以后一定要把那些书都印出来。后

来，他自已出钱刻印不少好书。

到了毕昇生活的北宋时代，雕版印刷已发展到鼎盛阶段，出现了空前繁荣兴盛的局面。

宋代政府比较重视教育。中央有国子学、武学、律学、算学、医学等各类学校，地方上有郡学、府学、县学和书院、家塾、舍馆等。公元1093年，北宋的太学生人数就达3100多人；1203年，南宋报考太学的考生就多达37000人。可见宋代教育是相当发达的。由于教育的发展，需要的书籍量也大为增加，这就推动了印刷业的发展；同时，宋代纸墨的产量与质量都超过了前代，又为印刷业的发展准备了物质基础；再加上宋政府本身又大力奖励刻书，象毋昭裔的后代毋克勤，就是因为捐献了《文选》、《初学记》的书版而做了官，毋家也因为刻印书籍发了财，据说家累千金。正是由于这些原因，宋代的雕版印刷有了突飞猛进的发展。宋代的雕版印刷在官刻、家刻和坊刻方面均有很大发展。

当时，雕版印刷图书的数量倍增，刻书范围几乎遍及各个知识门类，除了雕版印刷儒家经典之外，还刻印史书、地理书、天文书、医书、类书、诗文集、文选、小说、民间文学以及佛教、道教和民间日用必需的书籍，种类十分齐全。北宋人不仅将当时的著作刻印成书，还陆续刻印前代人的著作：宋代出书数量之多，超过以往历朝历代。有人统计，我国古代从西汉、东汉、三国、魏晋、南北朝、隋唐直至五代，共出书23000多部，270000多卷。而宋代一个朝代出书就达11000部，计124000多卷，卷数几乎相当于以前历代图书总数的一半。

北宋雕刻印刷的图书不仅仅是数量较多，还刻印了些名垂历

史的影响很大的大部头书。例如，北宋初年，政府就编纂了四部巨著：《太平御览》《册府元龟》《文苑英华》和《太平广记》，史称"宋四大书"。这四部书至今仍是学者们治学修史的重要工具书。

北宋雕刻印刷的图书，质量很高。字体优美，纸墨精良，装帧考究，而且最接近原本，校勘很精，谬误较少，对后世书籍的影响较大。宋版书成为举世闻名的珍本，受到人们的极度珍视。

宋朝时刻书机构非常之多，有官方的，也有民间的。首先，宋代的各级政府都致力于刻书，像中央的国子监、国史院、秘书省（国家图书馆）等文化机构都出版了大批书籍，特别是国子监刻书最多。当时就有人说："国子监之印群书，虽汉唐之盛，无以加此。"北宋、南宋的监本书都多达110种。其中有儒家经典"十三经"，正史"十七史"，司马光主编的被称为史家绝作、大部编年体史书《资治通鉴》，大部类书《太平御览》《册府元龟》，老子《道德经》等书。其他政府机构刻印的，有六世纪的著名农书《齐民要术》，有包括《周髀算经》《九章算术》在内的《算经十书》，有医学著作《开宝本草》（因刻于宋太祖开宝年间，故名），还有许多有关历史、哲学、天文历法、科学技术、诗歌文章以及佛教、道教的经典等书。官刻书籍除须发各地作为官用外，还允许出卖作为政府的一项财政收入。与此同时，各级地方政府机构也仿照中央办法纷纷刻书，如两浙东路（今浙江东部）茶盐司公使库于公元1133年刻印了《资治通鉴》，福建路转运司于1147年重印了《太平圣惠方》。此外地方各类学校也都有刻本。总之，宋代大小官府机关及文化机构刻书很多。

其次，宋代的士大夫们私人刻书的也很多。有刻印自己著作

的，有刻印其祖先著作的，有刻印其师友著作的，有刻印其家藏善本的，有刻印名家著述的。比较著名的有福建建溪三峰蔡梦弼，他刻了不少书，流传到今天的有刻于1171年的《史记集解索隐》《三皇本纪》《周本纪》等；还有建安黄善夫刻有《史记集解索隐正义》《前·后汉书》《东坡诗》等；还有福建廖莹中的"世綵堂"，在南宋末年刻印了"九经三传"和唐代著名散文家韩愈的《昌黎先生集》及柳宗元的《河东先生集》，后者被认为是韩柳文集中的标准印本，藏书家把它推为宋版书中的上品。这些私家所刻的书，一般都校勘严谨，刻印精美。

再者，就是坊刻。宋代坊刻在刻书业中占有重要地位，所刻之书，称为"坊刻本"。坊刻就是指一般书商设立的书坊，专门从事刻印书籍。他们刻印的书籍是以营利为目的。有些普通百姓还要靠刻书谋生，所谓"细民亦皆转相模锓，以取衣食"。许多城市中书坊林立，书坊拥有自己的写工、刻工和印工。宋代最有名的书坊要算福建建安余家的"万卷堂"和"勤有堂"。余家从北宋末年起，世代刻书达600多年之久，刻印了大量的书籍，一直到明代余家的刻本依然名闻遐迩。甚至到了清代中期，余家还有人经营书坊，以致引起了乾隆皇帝的注意，下诏军机处：选派诚妥之员，善为访问，寻据复奏。余家书坊对于文化的传播做出了重要的贡献。传世的万卷堂宋刻本中，有东汉经学家何休著的《春秋公羊经传解诂》，勤有堂有《古烈女传》。

正如毕昇工作的书坊一样，一般书坊是书商们为刻书营利而设置的刻书机构。我国的书坊是在唐代兴起的，当时经济文化发达，手工业和商业繁荣，一些人开始经营书坊刻书。这是一种手工业刻书机构。书坊的主人雇用写工、刻工、印工，此外还有大

量的学徒，技术力量雄厚，好些书坊主把经营刻书售卖当成一种代代相传的祖业。

这种书坊刻书机构在宋代得到很大发展，成为当时主要的刻书机构之一。全国经济发达的大城市，一般都有很多书坊。当时杭州的刻书业就十分繁荣，杭州城聚集了很多象毕昇一样的印刷工匠，城内外书坊林立，是全国有名的坊刻业中心。从北宋起，杭州就享有"地有湖山美，东南第一州"的声誉。这里商业繁荣，手工业发达，刻书业也很兴盛。刻印工不仅人数多，而且技术精湛，因此北宋政府出版的许多书籍，都要送到杭州制版，很多监本书都是在杭州刻成的，甚至当时的高丽国也委托商人在杭州代刻佛经版。临安城内有书铺20多家，有的还开设分号。他们或刻印佛经、文选、史书，或刻印诗话唱本、小说异闻，或刻印有关娱乐游戏、迷信赌博的书，内容十分广泛。杭州版本刻印之精良，当时居全国印刷业之首。当时有"天下印书，以杭州为主"的美称。

雕版印刷在北宋发展至鼎盛，这为毕昇发明活字印刷术打下了基础，创造了条件。

三、发明了活字印刷术

毕昇在书坊工作中，逐渐感到雕版印书已难以适应社会上著书立说日益增多的需要。经过八九年的反复实践，他终于发明了一种与雕版印刷截然不同的活字印刷术。

同毕昇一样，为书坊学徒的都是普通百姓，因为做雕版印刷工匠是个很辛苦的工作。毕昇的师傅们做刻工二十多年，得了严重的痨病，背驼了，眼睛都快瞎了。师傅告诉毕昇，一部书要吸咱雕板工多少血汗呵！我家祖孙三代都是雕版匠。听我爹说，我爷爷他们十几个匠人，刻《九经书》《五经文字》，三百二十册，从长兴三年开刻，经历了唐、晋、汉、周四个朝代，花了二十二年！毕昇惊异于一个雕刻工一辈子能雕多少部书。师傅苦笑着说，我在书坊干了二十多年，背，驼了，眼，快瞎了，累死累活，总共才刻了一千七百多块板。这样算来，一天也只能刻百来个字。一个字刻错，整块雕版就作废了，只能重新刻。听说，在太宗皇帝那阵，益州印《大藏经》，刻了十三万块板。雕版堆得满屋子都是。这都是雕刻工的血汗啊！

毕昇从一名学徒升为印刷工匠后，很快在书坊里成为一名骨干力量。可渐渐地，他感到雕版印刷有很多弊病。主要是他们这

刻工的工作量太大。印一部书，先要由写工费好多时间将书的内容用规格一致的纸工工整整地抄写一遍，刻工们雕刻书板所花的时间就更长了。他们书坊里有时要雕版印刷一些卷帙浩繁的大部头书，刻版的工匠一干就是10年、8年的，宋代刻书为了整齐美观，一般一部书是由一个写工从头至尾地抄写，再由一个刻工从头至尾地雕刻出来，印出来的书前前后后的字体都是一致的。这样一来，有时一个工匠去世了，而他雕刻的那部书还未完成，别人若是续刻吧，前后字体就不一样了。

雕刻书版的整个过程还要非常细心。好几次，毕昇辛辛苦苦地花了很长时间刻好的一整块书版上发现有错字，就只好报废，重新从头再刻。书坊里其他工匠也常常遇到这样的情况，一不小心刻坏一字，就得从头再来。刻工们常常没日没夜地工作，累得腰都直不起来。然而，印成一本书之后，毕昇他们花费很多劳动雕刻出来的书版就没有用了。要印制新书，又得重新雕起。毕昇看着书坊里那些废弃不用的书版多得无处堆放，心想："这不仅是我们工匠的辛勤劳动，而且浪费了多少木材啊！"

毕昇所在的书坊和其他书坊一样，每印一本书就要浪费好些木材，花费很多人力，印出来的书成本较高，书价也就自然很昂贵。社会上好些人想看书却又买不起书。当时，文化一派繁荣兴盛，各个领域都取得了很大成就，人们纷纷希望把这些成就能通过著书立说、雕印成书的方式，在社会上广为传播，并留传给后世。当时的雕版印刷虽然已发展到鼎盛时期，全国有很多刻书中心，有难以计数的书坊，可是因为雕版印刷有我们上面讲述的那些弊病，所以远远不能满足社会需要。当时毕昇所在的书坊，就常常有学者、文人去要求把自己的著作雕版印刷成书，可因为书

坊出书要花费很多劳动、很长时间，需要很多的金钱。这些学者、文人的要求常常得不到满足。毕昇常常亲眼看到社会上好些好书因此得不到雕印出版，觉得非常可惜，怎么样才能克服雕版印刷的弊端，减少刻工们的劳动强度，尽量缩短印书时间，以适应社会的需要呢？这是毕昇整天苦苦琢磨的事情，也是当时人们极为关心的一大问题。

有一天，毕昇抱着雕版吃力地走在街道上，突然看见路旁一个小女孩守着一张方木凳在卖"千佛图"。一个老婆婆正在旁边刷印佛像：她手拿木制小印章，蘸蘸墨浆，在白纸上连续印出佛像。指头大小的佛像，渐渐成排、成行。毕昇目不转睛地注视着。连小女孩问毕昇是否要买千佛图都没有听见。他专注的眼神里，闪出若有所悟地光芒。小女孩又问："你买吗?"毕昇突然忘乎所以地叫起来："妙呵!真妙!一颗印章，印这么多像!"唐突的话把小女孩吓了一跳。

这天，毕昇在书坊里工作了整整一天，眼看一整块书版就要刻成了，可一不留心，刻坏了一个字。他叹了一口气："唉，今天一天的功夫算是白费了。"可他实在舍不得扔掉这块书版，再重新刻。他坐在书版面前，面对那个刻坏的字，考虑着一个补救的办法："能不能刻一个字补上去呢?"毕昇抱着试一试的心理，先把刻坏的字用刀削去，这块地方挖成一个浅浅的小方孔，再做成一个与小方孔大小吻合的小木片，上面刻好需要的那个字，然后用胶粘在小方孔里？毕昇的技术是十分娴熟的，所以这样补一块上去，看起来几乎是天衣无缝的。

这件事对毕昇的启发很大，使他联想到那些一个个活动的印章，再看看面前雕刻的书版，心想：如果把书版上那些不能活动

的字分割开来，让它们变成一个个可以活动的单个的字，就像一个个的小印章一样，每个小印章上刻一个字，印一部书，需要用什么字，就选什么字。印刷书籍时，再把这些单个字排成象雕版印刷的书版一样的一整块版。一本书印完后，活动的单个字可以拆下来，印下一本书时也还能用。这样一来，岂不是既节省了材料，减少了刻字工匠们的劳动，又缩短了印书时间了吗？想到这里，毕昇心中豁然开朗。大约是在公元1041年左右，他开始着手制造单个的活字，这项工作整整花费了毕昇八九年的时间。

制造活字可是一项"前无古人"的工作，没有现成的办法可以借鉴或参考，可以说是困难重重。毕昇不怕困难，开动脑筋，认真琢磨。开始试验时，毕昇首先想到要把雕刻的书版上的字分割开来，做成一个个单字。所以他选用了木材来作为制造活字的材料。毕昇很快就找来了好些木材，先把它们都做成一个个整齐的小方块，然后仔细地把文字的反形字一个个地雕刻在上面。可是由于这些普通的木头纹理是很不整齐的，刻起字来非常费时，稍不留心，小木块就刻坏不能用了。毕昇费了很大的劲，总算刻好了一些小木块，做成了一个一个的木活字。可是要用这些木活字来印刷书籍，得首先把它们拼成一整块板。毕昇心想："如果把这些单个的木活字都拼在一块铁板上面，再用一个铁框把它们都圈在里面，这样不就成了一个整版了吗？"可是这些木活字在铁板上，稍稍一动，就歪七扭八的，根本无法上墨印刷，"一定得想办法把它们都固定住"，毕昇左思右想，忽然他想起了，松脂和蜡不都是黏性很大，可以固定小木块的东西吗？他找来一些松脂和蜡，先在火上加热熔化，然后倒在铁板上。这一下，木活字终于被牢牢地固定在铁板上，再也不会扭来扭去，可以加墨印刷了。

可一上墨问题又出来了。这些小木块的纹理疏密不匀，伸缩性很大，一沾上墨水后，就膨胀变形了，印板的字面变得高高低低的，一点儿都不平整。印出来的字墨色深深浅浅的，字画也模糊不清，效果差极了。而且毕昇花了很多劳动刻成的那些小木块活字，沾上松脂和蜡以后，很不容易从铁板上取下来。木活字上面沾的东西也没法弄干净，实际上也不能留着下次再使用了。这样一来活字印刷的每个字可以随意拆装、多次利用的优点，也体现不出来了。

这次失败并未使毕昇灰心，他又试验了好几种材料，可都不适合用来做活字。那么，怎么样才能找到一种既雕刻起来比较容易，又不吸水，还容易得到的理想的活字材料呢？毕昇成天吃不好、睡不香，冥思苦想，他的试验总是毫无进展。

当时，社会上陶瓷制造业很发达，烧制出来的陶瓷，既有非常精美供人欣赏的，也有日常生活当中供人使用的。有一天，毕昇看着家里盛水的陶罐，那上边的一些花纹引起他的注意，看着看着他忽然恍然大悟：陶罐不就是一种既能刻字又不吸水的东西吗？如果仿造制陶罐的工艺，先在软泥坯上刻好字，然后再用火把它烧硬，不就能制出一种不吸水的活字了吗？毕昇高兴极了，定下主意，先到一家烧制陶瓷的窑场参观一下。当时到处都有大大小小的烧制陶瓷的窑场。毕昇专程到了杭州城外的一家窑场，虚心地向窑工们请教。那里的窑工告诉他，制造陶瓷需要一种以黏土为主要成分的混合物做原料。毕昇回去后四处寻找黏土，经过反复比较，最后终于选定了一种黏性很大又非常细软的胶泥，并用这种胶泥首次做成了一些泥活字。

可是这次试验并不成功，烧出来的泥活字有的有裂缝，有的

还有小孔，不能用来印书。毕昇又第二次拜访了那家窑场，这一次他仔仔细细地研究了窑工们制作陶瓷的每个工序。窑工们先是和泥，然后是制坯成形，再把泥坯弄干燥，最后才送进窑里烧制，这是一整套的技术。毕昇在窑场一蹲就是好几天，终于学到了这套技术，回去后再次开始了制造泥活字的尝试。

毕昇先把胶泥和拌均匀，制成一个个大小一致的小方块型的泥坯，小泥坯的边角都抹得非常平整。然后在每个小泥坯上工工整整地刻好文字。毕昇把文字的字画刻得凸出来，凸出来的部分，厚薄就像古时候铜钱的边缘一样。泥坯细软，雕刻起来比木头可容易多了。刻好后的泥坯稍稍阴干一下，再放到火中去烧硬。这一次，毕昇终于成功地制造出了字画清楚、不吸水、坚如牛角、乌黑发亮的胶泥活字。

因为这种方法最初是在印章的启发下想出来的，而且和刻印章十分相似，所以，毕昇把这种泥活字称为"字印"。每刻好一个泥活字，他就称为"一印"。

制造单个泥活字的工艺看起来似乎并不复杂，但要制作成一套比较完备的活字印，却需要付出艰辛的劳动。毕昇花费了七八年的心血，造了上万个泥活字字印。

在制造泥活字的过程中，毕昇非常善于开动脑筋。他考虑到书中常有一页之中就有好些重复的字，为了方便印书，每个字他一般都刻制几个泥活字。特别是古书中的"之"、"乎"、"者"、"也"之类的字，就像我们今天现代汉语中的"的"、"地"、"得"一样，用得非常频繁，毕昇就把这些字分别制作成20多个泥活字，这样用起来就非常方便了。

有了一套活字印，还不能马上印刷书籍，要印书，还首先得

把活字制成版。制造活字版是毕昇活字术发明的另一个重要的部分。

我们知道，活字若是松动、不固定成一整块书版就无法印刷。这个问题毕昇早在最初用木头做活字的试验时就解决了。这次他如法炮制，先拿出一块铁板摆好，在上面均匀地撒上一层松脂、蜡和纸灰等具有黏性的物质，在铁版上面再放一个铁框，然后照着要印的书稿，拣出需要的泥活字，按顺序一个个地排在铁框里面。排满整整一框，就成一版。把排好的版拿到火上加热。铁框里面的松脂、蜡等物质遇热熔化，这时用一块平整的木板把字印按平，当铁框内的物质冷却凝固后，框里的泥活字都牢牢地粘成一体，而且版面十分平整。最后上墨印刷，就可以得到印刷效果非常好的书籍了。据说，毕昇用泥活字版而印出来的书，"墨若漆光"，非常漂亮。

为了提高印刷效率，毕昇设置了两块铁板，交替着使用。当第一块版在印刷时，就开始用第二块版排字。这样大大地加快了印刷的速度。印刷后的旧版再拿到火上烘烤一下，使松脂、蜡等物质熔化，用手一拨，泥活字就从铁板上脱落下来。因为泥活字非常光滑、坚硬，所以，一点儿都不会沾上松脂等物，干干净净的，可以供下次印书时再使用。

毕昇在印书时，有时也遇上一些生僻、不常用的字，在他所制造的那套泥活字里没有这种字。他就马上找来一些胶泥。做成小方块泥坯，再刻好所需的字，拿到草火中一烧，一会儿就做好一个泥活字印。毕昇的方法非常简单，而且也很迅速。

毕昇还做了好些木架，分成一个一个的木格子，专门用来存放不用的泥活字。为了使用时查找起来方便、快速，毕昇把自己

制成的泥活字都按字的韵母分成了若干类，并按类排列得整整齐齐的。每一韵部的泥活字都贴上纸，并做上记号。拣字时就能像查字典一样，先看记号，再根据记号就能很快找到所需要的泥活字了。

毕昇是世界上发明活字印刷术的第一人，他创制的泥活字也是世界上的第一副活字。现在看来，他的方法显得既原始又简单，但是活字印刷的三个主要步骤——做活字、排版、印刷，在他的活字印刷术中都已齐备，其基本原理与现代的活字印刷是完全相同的。德国人谷腾堡在毕昇泥活字的基础上发明的金属活字印刷，要比毕昇整整晚400多年。活字印刷术是我们祖先对人类文化的又一重大贡献，也是我们中华民族的一大骄傲。

毕昇发明的活字印刷术与雕版印刷相比，有很多优点：

首先从速度上来比较，若一部书只印二三本到几十本，那么毕昇的活字印刷术就不算简易。如果印上成百本、成千本的书，就显得非常之快捷。

用泥活字版印书，比雕版印书更为经济合算。胶泥比木材更为低廉，而且一旦有了一套胶泥活字印，就可以想印什么书就印什么书。

用泥活字版印出来的书籍质量更好。用雕版印刷只能印一定有限的数量，稍微多印，字画就会胀大模糊，而用泥活字板印书，印100本、1000本字画也很清晰，不会失真。

采用毕昇的泥活字印刷术，可以大大减轻书坊中刻工们的劳动强度，刻工们只需刻制出一整套泥活字就行了。印版中一旦出现了错字、别字，还可以随时更换一个泥活字，再也不用像雕版刻书那样，一整块书版就得从头刻起。毕昇发明的泥活字印刷术

虽然是一件非常了不起的事，可那时候的封建统治阶级非常因循守旧，不重视科学，也不提倡新的科技发明。毕昇经过若干年的艰难摸索，发明出来的泥活字印刷术被视为不值一提的"雕虫小技"。他耗尽心血制作的一套泥活字也没能在社会上广泛传播。加之毕昇是一个普普通通的印刷工匠，地位卑微，更是引不起达官贵人们的丝毫注意。书坊主人也认为他是不务正业。毕昇在发明泥活字的几年工作中，积劳成疾，眼看自己凝聚多年心血的发明得不到社会的承认，心中十分愤懑。活字印刷术发明后的二三年内，毕昇便郁闷而逝。临终前嘱托家人妥善地保存好他的泥活字。

　　毕昇去世后，又经过几十年的时间，他精心制作的泥活字传到了一位名叫沈括的学者手中，被视为珍品，仔细地收藏起来。沈括是一位颇有眼光的学者，他在《梦溪笔谈》一书中详细地记叙了毕昇发明泥活字印刷术的经过。因为毕昇是一位平民，因而史书中从来没有任何记载。若不是沈括，恐怕至今我们也不会知道原来活字印刷术是我们祖先最早发明的。

　　毕昇的时代距离今天已是相去久远，毕昇的泥活字也没能流传下来。据史书记载，明朝的正德年间，也就是公元 16 世纪初，在河南汝南地方一个武官的家中，人们从地下挖掘出数百颗黑子，坚硬得像牛角一样，每颗子上面都刻有一个字，书法就像唐朝书法家欧阳询的字体，制作得十分精巧。人们推测，这就是当年毕昇所造的泥活字。如果这种说法可靠的话，那么毕昇的泥活字至少传到了明朝中期，可能是毁于明末清初的战火中。

四、活字印刷未流行开来的原因

中国早在北宋时就已发明活字印刷，而雕版印刷一直作为中国印刷的主流，活字本的数量仅及雕版书的百分之一二，与 15 世纪以来西洋印本几乎全部为活字印、李氏朝鲜活字本压倒雕版者均不同。现在虽有许多宋板书保存至今，但尚没有发现一部活字本。其中的原因值得人们思索。印刷的技术、成本、质量、速度，是必须考虑的因素，此外印刷与当时社会、经济、手工业、学术的发展，也密切相关。

政府重视不够。过去有人认为因中文字体笔画繁多，不如拉丁字母那么简单，容易排印，其实李氏朝鲜本除少数谚文外，不也都是中文印本吗？这主要因为李氏王朝重视活字印刷，公私刻了 28 次木活字，政府设铸字所，每次铸字多者数 10 万，铸造 34 次铜、铁、铅活字，而我国政府只有清代康熙刻铜字，印《古今图书集成》，乾隆造武英殿木活字聚珍板而已，民间用铜锡造活字者更少。

自从《钦定武英殿聚珍版程式》（乾隆四十一年）介绍了简单易行的印书方法后，各地官衙私家纷纷仿效，所谓"上有好之，下必甚焉"。许多地方衙门均曾用活字印书。同、光年间在各省先

后设立官书局，刊刻经史，其中也不乏活字本。看来政府的提倡，作用很大。

因为中国图书产量在清初以前尚居世界之首，因此在图书数量上来说，雕版印刷已能满足要求，活字印刷只是作为辅助手段。而永乐时朝鲜"在海外"，"中国之书罕至，板刻之本易以剞缺，且难尽刊天下之书也。"因此"欲范铜为字，随所得书，必就而印之，以广其传，诚为无穷之利。"政府的倡导是朝鲜活字印刷压倒雕版印刷的重要原因。

活字印刷技术困难。从技术角度看，活字制造工艺比雕版印刷复杂。西方的活字印刷因为是字母，不像汉字字数繁多，其活字制造法是用雕刻钢模，来冲制字模，再作成活字，用于印刷。而中国活字印刷采用的方法不同，也没有像朝鲜那样大规模铸造活字，而是笨拙地雕刻金属活字。

其次，排版也不简便易行。最初的泥活字须用松脂、蜡铺在铁板上，用火熔化，以固定活字，很不方便，而且还可能移动。此外，活字印刷一般要经过捡字、拼版、归字等工序，较雕版复杂。金属活字的着墨技术也没有解决。这些技术问题，一直到19世纪传入西方的铅印术之后，才得以改观。

活字制造一次性成本高。中国文字的最大特点是字数多，共有数万个汉字，普通书籍的印刷就需要刻制数千乃至上万个汉字。一般情况下，常用字要备数个甚至数十个，而且为排印不同的字体、正文和注解，同一个字往往要有两种以上，因此一副活字可能要超过20万个活字。雕刻这些活字的成本，是一般从事印刷业的人承担不起的。能够下大投资，刻成套活字的人不多。若用泥活字，虽然成本不高，但是很费时，清代翟金生苦心经营

30 年，才成 10 万多个泥活字。元代王祯雕刻的 3 万个木活字则用了 2 年的时间。若由政府投资，不计盈亏，活字印刷有其优点。

要发挥活字印刷的优势，就是要能够大批量经济地铸造或用钢模冲制活字。用钢模制活字的技术等到 19 世纪才由西方传入。从成本角度看，铸造金属活字显然比雕刻活字要经济得多。而我国大规模制造金属活字很多是用手工雕刻的办法，如《古今图书集成》和林春祺的铜活字都是雕刻的，而不是铸造的。

印刷数量小。用活字印刷，只有印数大才能体现出优点。沈括在《梦溪笔谈》中就说："若止印三二本，未为简易，若印数十百千本，则极为神速。"对活字印刷来说，排版所占的时间很多，乾隆时排印武英殿聚珍版书，"凡遇大字书，每人一日可摆二版，小字书只可得一版。"吕抚用泥板活字"一人撮，两人印，每人可得四页。"对初学的排字工人来说，找字也是很费时，必须雇佣有文化的人来从事，排印者还得熟悉一些音韵知识，以便迅速找到所需要的字。武英殿用木活字排版时，调用了六名书吏，充任拣字的工作。而且印完后还要撤版归类，占用很多时间。从事印刷业的人一般不敢印得太多，活字本的印刷数量大致在 100 部上下，否则会造成积压，卖不出去。若需要再次印刷，又得重新排版，费时、费工，很不合算。而雕版可以长期保存，随时再印，不用再排版，所以在印数少的情况下，活字印刷的优点体现不出来。这个问题只有到了近代使用纸型浇铸铅版之后才得到解决。从社会角度看，有时书籍市场、销售途径不畅，也是影响活字印刷发展的一个因素。

活字印刷效果不佳、校勘不精。从印刷的质量看，初期的活

字本排得参差不齐，墨色浓淡不一，模糊邋遢，沾手便黑，有的字只印出一半。金属活字不易上墨，泥活字也有同样的问题，而木活字则有时容易膨胀，造成高低不平和排版困难，即王祯《农书》中所谓的"纹埋有疏密，沾水则高下不平"，这会降低印刷品的美观。

若排印工人不认真，忙中出错，错误较多，虽然再三校对，仍不免鲁鱼亥豕眩目，甚至不堪卒读。而雕版印刷则可避免这些缺点。翟金生曾为他的朋友黄爵滋排印诗集《仙屏书屋初集》，虽经两次校正，把误字排印在集前，但校勘不精，错误还是不少。后来黄氏又把它刻成木板，并说："览者当以今刻为定。"这说明当时文人还是乐于用雕版印刷，可少出错误，又比活字美观。

另外还有一个原因是，在中国出版业专业性不强。从事活字印刷的大部分都是一些富豪，如明代华家、安家，他们出版的著作，并非以营利为目的。印刷业没有连续性，如安国的活字，在他去世后，被他的儿子所瓜分，没有再印刷书籍，这不能不说是一种遗憾。

从当时学术背景看，儒家经典一直占有主导地位，而这些书，用雕版印刷，能够满足经常印刷的需要。重要的书，留下板片，可以多次印刷，比较经济。对名人的原稿，若直接上板，活字也不能胜任，而翻刻宋元版，也是雕版有利。

以上这些原因造成了雕版印刷一直作为我国印刷的主流，而活字印刷没能在中国大规模使用的原因。

五、日益发展的活字印刷术

毕昇发明的活字印刷术在后世得到不断完善和改进，在我国历史上不但出现了泥活字、木活字等非金属活字，还出现了锡活字、铜活字、铅活字等金属活字。

泥活字印书。毕昇发明的活字印刷，虽然在当时并未得到广泛地推广，但这种技术却由于后人一直不断地仿效，得到继续发展。活字的材料也不断进步，由泥活字、木活字一类的非金属活字，逐渐过渡到铜活字、锡活字、铅活字一类的金属活字。

从元朝开始，直到清朝，不断有人仿照毕昇的方法，制造泥活字。朝鲜人也曾做过这方面的尝试。

元朝初年，有人把毕昇的泥活字进行了一些改良，用泥框代替铁框，把烧好的泥活字排在泥框里面，放入窑内再烧一次，使它成为整块陶版，再用来印书。

据史书记载，元朝初年，忽必烈皇帝的谋士姚枢，曾教他的学生杨古用"沈氏活板"印书，"沈氏活板"就是沈括的活字版，实际上就是指沈括在《梦溪笔谈》一书中记载的毕昇的泥活字版。所以姚枢、杨古所用的活字版也应该是泥土烧制而成的。

　　到了清朝的康熙五十八年（1719），有个曾经做过知县的山东泰安人，名字叫徐志定，发明了一种磁版，就是在泥活字上加一层磁釉，烧成的活字非常坚硬。他用这种磁活字印出了两部磁版书。

　　时间又过了一百多年，有个叫李瑶的苏州人，又仿造了宋代毕昇的胶泥活字版，在杭州印了两部书。

　　清朝道光年间（1821—1850）安徽泾县人翟金生非常成功地制造了一副泥活字。翟金生是一个穷秀才，靠教书为生。他能做诗，写得一手好字，而且懂得绘画，是一个多才多艺的人。他看到当时普通人的著作，因雕版印刷费用太大，无力刊印，往往被埋没，觉得十分可惜。就依照《梦溪笔谈》中记载的毕昇制造泥活字版的方法，开始了制造活字的艰苦工作。

　　翟金生制造泥活字的具体步骤，是先做好模子，然后把细软的澄浆泥做成活字，放进炉子里烧炼之后，再加以修整。这样烧好的泥活字非常坚硬，不会膨胀变形。他所制造的泥活字，都是仿宋体，分为大、中、小、次小和最小五种规格。

　　制造泥活字的程序比较复杂，又需要一定的费用，翟金生把一生的精力都花费在这项工作上，他花了整整30年的辛勤劳动，和他的后代们共同制作了10万个泥活字。花尽了家中钱财，搞得家贫如洗、生活困难。但翟金生始终坚持，不放弃这项工作，他的这种坚韧不拔的毅力是十分可贵的。终于，到了他的古稀之年，用这种泥活字试印了他自己的诗集《泥板试印初编》，以及翟氏的家谱。还印了他的朋友、诗人黄爵滋的诗集——《仙屏书屋初集》。印出来的书字画精细、均匀，墨迹清楚，质量很好。

　　翟金生的泥活字以及泥活字印本，至今还有实物流传下来。

以前有些学者，特别是外国学者怀疑沈括在《梦溪笔谈》一书中关于毕昇泥活字的记载，认为泥活字一捏就碎，怎么可以印书呢？翟金生一生的勤奋实践所留下来的实物完全证明了这种看法是错误的，也证实了《梦溪笔谈》里关于泥活字记载的真实性。

木活字印书。毕昇曾尝试用木材来做活字，结果失败了，才改用了胶泥来制造活字。后来人们设法对毕昇的方法加以改进，选用了一些纹理比较均匀的好木材，木活字就同样可以采用了。况且木活字取材比较方便，成本也不高，也不用象泥活字那样必须经过烧制，制造起来相对比较简单迅速，所以木活字一直成为我国活字印刷史上最常用的一种活字。

首次成功地制作木活字的人是元朝初年的著名科学家王祯。王祯是一位很了不起的人，他不但对农业生产技术和机械制造有过贡献，同时在印刷史上也有突出的成就。他在安徽旌德县做县官时，写成了 30 万字的农学巨著——《农书》，因为字数太多，用雕版刻印很费事。就花了两年的时间自己设计并指导工匠用梨木、枣木制作了三万多个木活字，准备用来印《农书》。后来江西有人将《农书》先雕版刻印出来了，这套木活字就没派上用场。以后，王祯又纂修了《旌德县志》，就把这套木活字用来印了这部书。该书 6 万多字，不到一个月就印成了 100 部，可见木活字印刷的效率的确很高，而且印出来的书效果和雕版印刷的完全一样。为了推广木活字印刷，王祯把他制作木活字的方法写成一本《造活字印书法》，附在《农书》的后面。详细地介绍了他的木活字印刷方法。具体步骤是：先在纸上写好字样，贴在一块木板上，然后把字刻出来，刻时注意留出界行。字刻好以后，用小细锯把一个个的单字锯开，再用小刀把单字的四边修削整齐，

使每个单字的高低大小都一样。排版时，在一块木板上放一个框架，并在框架内排字，每排一行以后，就夹一片小竹片。等字在框架内排满，再用木屑塞在空隙的地方，一直塞到活字固定不动为止。最后在排好的字版上均匀地涂上墨，再铺上纸，用棕刷刷印。他还学习毕昇的方法，把古书中"之"、"乎"、"者"、"也"等语助词和一些常用字归为一类，每个字多刻一些木活字，以备常用。

王祯为减轻排字工匠来回找活字的劳动，提高排字效率，还发明了一种"转轮排字盘"做了两个木制的大轮盘，分别排放常用字和可用字两种木活字，把两种活字再分别按韵排列。还把每个字都编上号码，记在木活字上。排字时，一个人读出木活字上记的号码，另一个就坐在两个大轮盘中间，只需转动轮盘，不用来回走动，就能找出所需要的活字。用这种简单的机械来节省人力，在当时是一项重大改革。

比王祯晚20年的广平人马称德，在浙江奉化做州官时，也雕刻了十万多个木活字，并用来印成了《大学衍义》等书。

到了明朝，社会经济和文化都有了较大的发展，用木活字印书的地区也逐渐扩大。不仅苏州，南京、杭州这些文化发达的大城市有了木活字印刷，就连福建、四川、云南等偏远地区也有了木活字印刷。朝廷分封各地的藩王，生活富足，为了附庸风雅，不仅大量雕版印书，还争相采用木活字印书，一时蔚然成风。当时，木活字印书的种类繁多，一般以诗文集居多，此外还有家谱等等。从公元1638年起，明朝政府公报《邸报》也改用木活字印刷了。

清朝木活字印刷更是通行全国各地。各地的官衙、书院以及

某些官书局大都有木活字。私人用木活字印书的也很多，有的书坊专用木活字印书，称为"活字印书局"或"聚珍堂"。木活字在当时甚至被当作了一种特殊的财产。

清朝乾隆皇帝纂《四库全书》时，打算把明朝《永乐大典》中辑出来的已经失传的大批古书，都印刷出版。当时，负责这项工作的金简，考虑到刻书数量太大，不仅要耗费很多的人力和财力，而且还需要很长时间才能完成。他就向乾隆皇帝建议造一套木活字来印书，得到了皇帝的批准。乾隆皇帝还给木活字版取了一个雅致的名称，叫做"聚珍板"。

公元 1774 年，在金简的主持下，一共刻成 25.36 万个大大小小的枣木活字，并用这套活字印成了《武英殿聚珍板丛书》。

金简还把他制造枣木活字印刷《武英殿聚珍板丛书》的经验，写成了《钦定武英殿聚珍板程式》一书，详细地介绍了他用"聚珍板"印书的经过。

与元朝初年王祯的木活字相比较，金简的"聚珍板"在印刷工艺上有了不少改进。"聚珍板"活字的做法，是先做一个个木块，再在木块上刻字。这比王祯先在整块木板上刻字，然后再锯开修整的方法要省事一些，而且做出来的木活字也比较容易整齐划一。王祯当时是用薄竹片来做界行的，而金简的方法则是先用梨木板，按书籍式样，每幅刻 18 行格线，称为套版，印刷时先印格子，再把文字印在格子里面。因此，武英殿"聚珍板"每页四周边栏接口之处，都不像一般活字留有缺口，而是接合得非常好。"聚珍板"的排字，也不是用王祯发明的转轮排字盘，而是改用了"字柜"。具体方法是按照天干地支的十二地支——子、丑、寅、卯、辰、巳、午、未、申、酉、戌、亥的次

序，把全部活字分别装在 12 个大字柜里，每个柜有 200 个抽屉，每个抽屉分大小 8 格，每格放大小木活字各 4 个。每个抽屉上面都标明某部首，某字和笔画。由专人负责拣字，排字工匠只要喊出他要什么字，取字的人先按该字的偏旁找出部首，就知道这个字存在哪个字柜里，再数一下笔画，就知道这个字是存在哪个抽屉里。取字工匠不断熟习其中的规律，通常很快就能把字拣出来，效率比以前高多了。

金简的《钦定武英殿聚珍板程式》一书，是我国印刷史上重要的文献，先后已被译成德文和英文，流传到国外。但金简制造的这套"聚珍板"活字却遭了厄运。起初这套珍贵的活字贮存在武英殿内，一直没有很好经管，也未能充分利用，后来竟被值班的卫兵们用来作了烧火取暖的木料，真是十分遗憾。

自从《钦定武英殿聚珍板程式》介绍了"聚珍板"这种既省钱，又简单易行的印书方法后，全国各地纷纷仿效。一时间，木活字印书流行更为普遍。河北、山东、河南、江苏、浙江、安徽、江西、湖北、湖南、四川、福建、广东、陕西、甘肃等 14 省，都开始采用木活字来印书。其中，以常州的木活字印书最为出名。

清朝的木活字印本，内容非常丰富，有经书、子书、正史、传记、年谱、家谱、奏议、目录、方志、游记、兵书、医书、农书、类书、工具书等等，其中以历代诗文集较多，此外还有民间文学作品，如小说、唱本、弹词等。著名古典文学作品《红楼梦》一书，曾前后用木活字排印过 3 次。当时，北京隆福寺街东口内的聚珍堂书坊，就常用木活字排印通俗文学作品，自兼发行，生意十分兴隆。

从乾隆初年一直到清末，朝廷出版的政府公报《京报》都是

用木活字排印的。北京当时还有一种叫做《缙绅录》的定期出版物，是当时中央及地方政府的职员录，也是用木活字排印的。

清代木活字印刷品中数量最多的是家谱。家谱在江浙、皖南、江西、湖南、四川等地十分流行，特别以浙江绍兴、江苏常州一带更为盛行。这些地区，有专门以排印家谱为职业的人，称为"谱匠"或"谱师"。每当秋收以后，他们就挑着活字担子，到各乡镇的祠堂，给人印家谱。

锡活字印书。早在元朝初年，我国就出现了一种金属制成活字，即"锡活字"。金属质地坚硬，不易磨损，用金属制成活字，可以千百次印刷而不坏，远远比非金属活字优越。金属活字的出现在印刷史上是一大进步。我国使用金属活字是比较早的，比德国最早使用的金属活字要早一二百年。

到了明朝，有一个无锡人，叫华燧，他造了大量的铜活字，这在后面我们还会详细叙述，此外，据古书记载，他还造了锡活字。

有一个波斯商人，公元 1550 年左右到日本某个印刷所去参观，去日本之前他在中国待过一段时间。所以，当他看到日本印刷所正在用锡活字印书时，就十分肯定地说，这种方法看起来和中国很相像。这件事说明了我国明朝以前肯定是有锡活字了，而且在明朝，锡活字印刷书籍的技术已传到了日本。

19 世纪中叶，美国一个传教士名字叫卫三畏，他在广东一带传教。据他说，广东的佛山镇，有个姓唐的书商曾铸造过锡活字，并用来印书。他在公元 1850 年开始铸字，花了 1 万多元的本钱，前后铸了 3 套非常漂亮的不同字体的锡活字，一套是扁体字，一套是长体大字，另一套是作为注释正文用的长体小字。一共有 20 多万个。这位姓唐的书商铸造锡活字的具体方法是，先在小木块

上刻好字，然后把木刻的字按捺在泥上，做出泥字模，再把熔化的锡液注入泥模，等到锡液冷却凝固后，把泥模打碎。最后经过修整，就能得到大小一致的锡活字。排印时，把一个个锡活字依次排在光滑坚固的梨木盘里，把四周捆紧，以防活字印刷时松动，再用黄铜条做界行，中间有版心隔开，如同雕版印刷的式样，然后再上墨印刷。

铜活字印书。我国古代最为通行的金属活字是铜活字。我国何时开始使用铜活字印书，现在已经无法查考。到了明朝弘治、正德年间，也就是公元 1488 年至 1511 年，在江苏的无锡、常州、苏州、南京一带，铜活字印书已十分流行了。当时有不少富豪巨商制造铜活字印书，其中最有名的是无锡的华氏和安氏家族。

较早用铜活字印书的是无锡会通馆的主人华燧。华燧对校阅版本很感兴趣，每当校订出一个正确的本子，以便广为流传，他就用铜活字把它印出来。他用铜活字印的书都是用的会通馆的名义。约在公元 1490 年，他用铜活字试印了《宋诸臣奏议》50 册。当时，因为铜活字不易受墨的技术问题没能解决好，所以印刷效果较差，但它却是现在所知道的我国最早的一部金属活字印本。后来华燧又陆续排印了不少大部头的古书和他本人的著作，都成为印刷史上的珍品。

华氏家族还有几个人也曾用铜活字印书。比华燧稍晚几年，华燧的叔叔成功地用铜活字印了一本书，质量较好。华燧的侄子、儿子也都继承了华家铜版印书的传统。

当时与华燧齐名的用铜活字印书的还有安国。安国是嘉靖年间无锡有名的大富翁，他制造铜活字出版了九种书籍，最早的一种是《正德东光县志》，这是我国唯一用铜活字印刷的一部方志。

安国印书很认真，质量也比较高。

到了明代的嘉靖、万历年间，也就是公元1525年至1629年，较偏远的福建建阳、建安两县的书商，也开始用铜活字印书。最出名的一部是蓝色印本"芝城铜板"《墨子》。

清朝初年民间仍然继续用铜活字印书。其中以福州林春祺的"福田书海"一套铜活字最为有名，林春祺从18岁起，就开始孜孜不倦地从事制造铜活字的事业。他先后投入了二十多万两银子，费了21年的功夫，雇人刻制铜活字。到了公元1846年，制造出了精美的楷书体大小铜活字共四十多万个。他用这批铜活字印了一些质量很好的图书。他还写了一篇《铜板叙》，说明他造铜活字的经过，这是我国有关制造金属活字的仅有文献。

此外，当时杭州也有"聚珍板"书，印本的字体和"福田书海"很相似。

到了康熙、雍正两朝，即公元1662年至1735年，清朝官府也开始使用铜活字印书了，最有名的一部是内府铜活字印的《钦定古今图书集成》，这是一部一万卷的大型百科全书，是在公元1726至1728年印成的。全书用大小两号字体，清晰醒目。这部书至今还是学者们常用的参考书。内府铜活字是康熙末年清朝宫廷制造的。当时，《古今图书集成》的编纂人陈梦雷建议铸造铜活字，用来印《古今图书集成》。在该书完成前，这套铜活字曾印了好几种天文、数学和音乐方面的书籍，可是印完《古今图书集成》后，却再也没有印过其他的书了。这其中的原因是陈梦雷得罪了雍正皇帝，被发配去了边疆。在他建议下铸造的这些铜活字自然也就无人过问了，常被人偷盗。到了乾隆皇帝，竟听信别人的建议，把铜活字全部熔毁了，铸成铜钱。这是十分愚蠢的。后世的

学者都认为，如果这套铜活字保存下来，印书一定能事半功倍，节省好多人力、财力。

　　铅活字印书。铅的熔点低，容易铸造和回炉，是最理想的活字材料。我国至少在明代就开始使用铅活字印书了。但我国古书中有关铅活字印刷的记载很少，有人认为我国古代没有铅活字，而铅活字是19世纪中叶由西方传教士传来的，这种说法实际是错误的。

　　明代有一个叫陆深的人，他写了一本《金台纪闻》，他在书中写道：近来常州人用铜、铅作活字，比雕版印刷更巧妙方便。陆深的这部书是在公元1505年至1508年之间写成的。那时，也正是明代铜活字在苏杭盛行的时期，所以，铅活字的出现是完全可能的。但是，当时常州的铅活字印书没能流传下来。

　　清代人魏崧曾写道："活板开始于宋朝，现在又使用铜、铅为活字。"这说明清朝人也曾使用铅活字印书。

　　无论是木活字还是锡活字、铜活字、铅活字，它们都是在毕昇的泥活字的基础上发展起来的，我们可以把它们视为毕昇伟大发明的延伸。令人遗憾的是，这些活字印书方法始终未能取代在我国历史上占主导地位的雕版印刷术。

六、毕昇的身世之谜

在中国科技史料的整理和研究中，对于毕昇，历来众说纷纭：

1844年，法国早期著名汉学家茹莲（S. Julen）首先用法文把毕昇的职业说成"一个铁匠"（un forgeron）；此后许多西方学者用英文把毕昇说成"锻工"或"铁匠"（smith 或 blacksmith）。新版《大英百科全书》却把"铁匠"改译为"炼金术士"（alchemist）。

1911年，我国近代国学大师王国维在批校《梦溪笔谈》时，也认为"祥符中（1008—1016）""为王捷锻金"的"老锻工毕昇"当即"布衣毕昇"。

1946年，胡适在《读梦溪笔谈》一文中也说："我疑此锻工毕升即是那作活版的毕昇"。

张秀民（中国印刷史学专家）、胡道静（中国古代科技史专家）等先生却否定"锻工"或"铁匠"之说，认为毕昇是一位"刻字良工"。

关于毕昇的籍贯也其说不一，清代学者会稽（今浙江绍兴）李慈铭说他是"益州（今成都）人"，但未见此说的史料依据；张秀民先生则认为"毕昇与当时杭州人沈括有关"，"因此毕昇可能

也是杭州一带人"。

以上情况说明，多少年来，许多热心于我国古代科技史研究与弘扬的学者和作家们都曾为解开这个谜底而反复探索。

1990年在湖北英山发现毕昇墓碑，经鉴定碑石特征属于宋代，立碑年款为北宋仁宗皇祐四年（1052），与活字印刷术发明者毕昇所处的时代相符，可以确认乃活字板发明者——"布衣毕昇"之碑。其鉴定依据如下：

碑石特征为宋元时期所常见的圆头碑（亦称笏头碣）其边框雕饰卷草花纹，为唐代广泛用作边饰的忍冬花之演变与简化，宋代民间碑志多喜采用。碑边框顶部作尖券形式，乃宋以前建筑物门框所习用的装饰，元明以后的碑刻中，这种装饰已经消失。碑心刻毕昇及其妻李氏名讳的神灵牌位，上覆火焰宝珠华盖，下托莲瓣的装饰手法，与浙江宁波天封塔地宫出土的铸于宋绍兴十四年（1144）的银质幡幢形牌位形制相同；考妣名讳均为阳刻正书，其字起笔圆浑，收笔藏锋，不仅是宋代墓碑的特色，而且书体与宋代刊本之印刷体相近，特别是其中"毕"字，下部的一短横划被置于该字的中部，继承了汉隶（如《校官碑》）的写法，饶有古意。综上数点，此碑当属宋碑无疑。

碑的年款，因此碑发现时，碑石风化剥落，一时未能将年款之皇朝年号判明。后经反复摩拓辨识，年款已可读出"皇□四年二月初七日"八字，其中"皇□"当是帝王年号。查两宋乃至辽、金、西夏及元朝的帝王年号冠以"皇"字的，只有四个：即皇祐（北宋，元年为公元1049年，下同），皇统（金，1141年），皇建（西夏，1201年），皇庆（元，1321年）。皇统是金熙宗的年号，皇统四年相当于南宋绍兴十四年（1144），此时南宋与金人

尚以淮水为界，而且墓碑所在地点英山，在有宋一代，从来未入金人版图。因而此碑的纪年不可能是"皇统"。皇建是西夏年号，仅使用了一年，从时间、空间上都与此碑不相符合。皇庆是元仁宗的年号，两年后改元也与本碑文所载之"四年"不符。皇祐（1049—1053）是宋仁宗赵祯于庆历九年（1048）之后改元时采用的年号，共使用了五年。据此，可以认为此碑年款中："皇□"实为"皇祐"。因而可断此碑立于皇祐四年。时在毕昇创制成活字版的庆历年间之后数年，与《梦溪笔谈》记载的"布衣毕昇"所处的年代相符。确属活字印刷术发明者毕昇的墓碑，是自北宋以来我国发现的第一件直接与毕昇有关的文物，是继《梦溪笔谈》之后所取得的第二条有关毕昇的信实史料，有助于揭开布衣毕昇生平的谜底。

英山毕昇墓碑，所存碑文虽然字数不足五十，却是迄今能说明毕昇的故里、妻室、后嗣及卒年的唯一实物例证。

关于毕昇故里：

两宋时期的英山。据文献记载，宋太宗至道年间（995—997），天下设十五路，"英山"（未建县，只是地域称谓）属淮南路蕲州蕲水县辖，淮南路版图东至大海，南达长江，西至湖北黄陂，北逾淮水，范围包括今江苏、安徽的淮北地区各一部分和河南的永城、鹿邑等县以及湖北黄陂、新州、黄冈等地。到宋神宗熙宁五年（1072）淮南路分为东西两路，"英山"属淮南西路蕲州蕲水县辖，淮南西路亦名淮西路，其版图包括今安徽凤阳、和县以西，余三至未变。宋哲宗元祐八年（1093），分蕲水县石桥镇复置罗田县，"英山"属罗田县辖。至南宋度宗咸淳六年（1270）分罗田县直河乡置英山县。至此，在中国历史上始有英山县。

新中国成立以来，英山县考古发现中以宋代文物居多，其中出土物不乏官窑生产的精美瓷器及其他重要文物，尤以宋墓中出现的买地券有文可考，甚有价值。

（一）出土于今英山县城东门外的刘氏十三娘墓，墓主人卒于熙宁六年（1073）十一月二十一日，地券文记载她是"蕲州蕲水县直河乡安仁里河西保"人。

（二）出土于孔坊乡大屋基的田三郎墓，墓主人卒于熙宁十年（1077）三月初五日，下葬于同年十二月二十日，地券文载他是"大宋国蕲州蕲水县直河乡石桥里苦竹保"人。

（三）与田三郎墓同出的孔氏十七娘墓，地券文载墓主人卒于熙宁十年（1077）四月初二日，与田三郎同时下葬，亦是"南贝善州大宋国蕲州蕲水县直河乡石桥里苦竹保"人。

（四）出土于今英山县城附近的郑昌四郎墓，墓主人卒于元丰元年（1078）十二月二十日，地券文载他是"蕲州蕲水县直河乡安仁里河西保"人。

（五）出土于今英山县城北的胡氏六娘墓，墓主人卒于元丰四年（1081）四月初一日，地券文载她是"淮南道大宋国蕲州蕲水县直河乡安仁里北场保中庄"人。应为淮南西路。

（六）出土于三门河乡郭家湾的谢文诣墓，墓主人卒于熙宁十年（1077）九月二十九日，下葬于同年十二月二十九日，地券文载他是"蕲州蕲水县直河乡"人。

（七）出土于英山县的余毅二郎墓，墓主人生于嘉祐三年（1058），卒于元祐二年（1087），下葬于同年，地券文载他是"大宋国淮南道蕲州蕲水县直河乡马安里湖陂保"人。

（八）出土于今英山县城附近的何延祚十郎墓，墓主人生于康

定元年（1040），卒于崇宁四年（1105）正月二十二日，下葬于同年，地券文载他是"大宋国淮南道蕲州罗田县直河乡安仁里合安保"人。当为淮南西路蕲州罗田县直河乡。

综上可见，未建县之前的"英山"属淮南路蕲州蕲水县直河乡；1072年之后则属于淮南西路，州、县、乡未变；1093年则由蕲水县划归罗田县辖。直河乡版图大致包括今之英山县全境，毕昇、毕文忠生活时代大体在这前后，直到1270年方设置英山县。这些已从出土的地券文中得到证实。

墓碑发现于英山县草盘地镇五桂墩村的毕家坳，其西约三公里处有居民点毕家铺，这里现在虽然人户较少，但濒临英山的东河，是英山与邻省安徽的交通孔道之一。由毕家坳往东约三公里处的红花咀村，据英山县地名志记载：曾是毕、李、肖三姓聚居之地，附近还有毕家畈等地点。在草盘地镇辖区之内，现今虽然很难找到一家毕姓民户，但尚保存着毕昇之孙毕文忠墓等许多宋至明以前的毕姓坟墓，说明英山草盘地镇一带的确曾是当年毕氏宗族聚居之地。毕昇死后，理当魂归故里。因此，可以认定"布衣毕昇"是宋时的淮南路蕲州直河乡（今湖北英山县在北宋时为直河乡）毕家铺人氏。

关于毕昇的妻室：毕昇之妻为李氏妙音，墓碑已有明载，但值得注意的是在红花咀村附近毕家畈田间路旁，还保存着一件长近2米、高0.9米的椭圆形石盆，上刻："大元辛卯至正十一年九月吉日李门第九代李昂男李荣同妻汪氏置"云云。这种大型石盆，当是当地大户或者宗族在举行婚丧喜庆会事和祭祀活动时用于宰牲和淘洗大量食物的用具。据说这里曾是李氏宗祠所在地，附近还有一些名为李家湾、上李家湾的村落，至今仍聚居着许多李姓

居民，说明宋元以来，李氏宗族即世居于此，毕昇之妻李氏妙音，也可能是本乡本土人氏。毕、李二家乃邻里联姻。

关于毕昇的后嗣：

在 40 年代末，曾有人以为毕昇之子名叫群从，并说毕昇死后，其活字印为其子毕群从所得。持这种说法的人，是因为把《梦溪笔谈》毕昇条所记之"昇死，其印为予群从所得"一句话中的"予"字误读为"子"字所致。这里的"予"，显然是《笔谈》的作者沈括的自称，在元大德九年（1305）陈子仁东山书院刻行的《梦溪笔谈》一书中，这个"予"字也刻作"余"，更可证明"子"字确系误读。"群从"一词，则出典于《后汉书·李固传》中之"今梁氏戚为椒房……而子第群从，荣显有加"。如沈括尝称其堂兄沈扶之子沈遘为"余群从"，更能说明"群从"不是人名，而是人们对其子侄辈的一种称谓。此碑已明载毕昇后嗣有四子：嘉、文、成、荣；三孙：文显、文斌、文忠。更可澄清前人之误解。

此外，继毕昇墓发现后的 1993 年 5 月，距毕昇墓地西南 9 公里的过路滩乡王湾葫芦地发现了毕文忠墓。该墓保存完好，墓向为 340 度、墓碑亦为竖梯形圆头式，并与基座榫卯结构连成一体，通高 135 厘米，碑高 121 厘米、宽 74–80 厘米、厚 11–19 厘米，基座宽 110 厘米、高 14 厘米、厚 57 厘米，榫头插入基座卯孔，非常严密，周边饰连枝云纹，碑中上部饰宝珠华盖，下部饰笑莲一朵。碑为变质岩青灰石凿成，岩体中的石英颗粒突出于碑面，风化严重，故碑文多有脱笔、缺笔现象，反复对比拓本和原碑，可辨认碑中间阴刻楷书："故□□毕公文忠神主墓"，中间两旁"□□二孺人、张□八□人"，上款："□宋□□八年十一月□"，下款"戊寅年十二月十九日造，孝男：马潮、马未立。"

此碑应为毕文忠同二位夫人的合葬墓碑，其上款应为皇帝年号，可惜缺笔难于判读，所幸下款"戊寅年十二月十九日"清晰可辨。"戊寅"为干支纪年，结合上款和毕昇下葬年考证，当为北宋哲宗赵煦年号元符元年（1098），是年恰是干支纪年"戊寅"年，上距毕昇下葬年皇祐四年（1052）47年，是完全相符的。孝男："马潮、马未"，应是毕文忠之子"毕马潮、毕马未"省去姓氏的称谓。

毕文忠墓碑形制、花纹、墓主人名讳称谓风格与毕昇墓碑无异，是北宋时期共同的特征，周边所饰连枝云纹刻道较之毕昇墓碑为细密，所见字体结构不及毕昇碑文古朴，为宋体字，显得成熟，从考古类型学上分析毕文忠墓，亦应晚于毕昇墓。

如果说毕昇墓碑所反映的佛教色彩浓郁，那么，毕文忠墓碑所反映的佛教色彩则更为强烈，其上所施宝盖，金铃刻饰更加抽象，其下所饰莲花即为佛座莲台，比毕昇墓碑所饰更为完善。

关于毕昇的卒年：

关于毕昇去世的具体时间，胡道静先生在《活字版发明者毕昇卒年及地点试探》一文中，曾根据《梦溪笔谈·乐律》中所载"皇祐中，杭州西湖侧，发地得一古钟……其钟今尚在钱塘予群从家藏之"一事，认为毕昇死后，其活字印可能也正是此时被沈氏子侄收藏；而自幼客居外地的沈括本人，也正是在皇祐三年（1051）八月随其父沈周的告老还乡回到杭州，并因守父丧在杭居住到至和元年（1054）正月，因而有可能直接了解关于活字版的详细情况等事实，进行试探性推测：毕昇卒年可能是皇祐年间，即公元1049-1053年。

英山发现的毕昇墓碑为皇祐四年立，其卒年当在立碑之前。

按当时丧葬习俗，凡富豪世家之寿终者，大体上要停柩在家数月至一年之后入葬。如沈括之父沈周卒于皇祐三年十一月，葬于次年十月；其母许氏卒于熙宁元年八月，葬于次年八月，均于一年之后入葬。蕲水县富户侯严，卒于元祐四年二月，葬于当年十二月，三百多天后入葬。毕昇是平民，停丧时间不可能有如此之久，但他很可能是客死外地，在当时条件下，亲属从得知其去世消息后奔丧外地直至奉灵回乡，至少需辗转数月之久，因此毕昇卒年很可能为皇祐三年，即公元1051年。

关于毕昇及其家族还有许多传说轶事。据说，在宋朝时，毕姓是英山东河上游一带的望族。后来由于连年兵燹之祸，逐渐衰落。特别是毕翰儒造私钱所引起的株连九族之祸，更为惨重。毕氏之劫后，余族为免遭斩尽杀绝，有的迁徙，有的更名换姓。五桂村一带的毕姓很快就销声匿迹。原来本地除毕姓外，就数李姓。于是，李姓就把毕家河改名为李家河。到明朝末年，李自成起义失败后，李姓也遭到株连。李姓乃仿效原先毕姓的办法，更名换姓，在李字头上加一撇，改姓季。这时，萧姓已发展成为当地的望族，说当地没有姓李的，就将李家河改为萧家河。传说萧家河边的萧家大屋就是当年的"毕宰相府"。该屋官厅尚存杉柱六根，两人合抱，石墩齐腰，尚存残迹，高约丈余的屏风已毁。萧家大屋背后那冢毕氏古墓至今保存无损，萧氏后辈每年春秋二祭祭祖，都要给古墓焚香礼拜。此习沿袭至今不衰。另在西碛河毕家铺附近有毕氏十秀才墓，和一座巨大毕氏墓碑，农业学大寨时拆掉搭石桥，后因"犯"人，群众焚香礼拜，并将大碑用八杠抬回墓地深埋（待出土），碑座尚在土里，座眼孔大如斗。

"毕氏私钱洞"。占河口外，两岸悬崖陡壁，异常险峻，名为

二险。二险西侧，更是风景绝丽，若屏风壁立天际，顶上苍松翠竹，杂以藤葛交错，蔚为奇观。"屏风"下面有一天然石洞，洞内开阔，约深1500米，最高处4米，最宽处3米，出口处最窄也近1.5米；岩石褶迭起伏，断裂纵横。明朝有一宰相名毕翰儒，得知此洞隐蔽宽敞，决定在此洞铸造私钱。毕翰儒案发后，族人受其株连，或迁或杀，或改姓埋名。从此，是洞闻名全县，人们便称此洞为"私钱洞"（《英山县志》有载）。

占河乡长岭岗村农民胡辉理对私钱洞内景了如指掌。他幼年常到二险附近放牧，经常到洞去玩。他在世时经常与人谈私钱洞的趣事。他说，洞内冬暖夏凉，高大宽敞，出口处在远望岭烂板凳，在洞内谈话，声如钟响。若石击洞壁，其响如鼓。洞壁上倒挂着很多蝙蝠，蝙蝠一见人便四处乱飞，若撞到人的头上则非常疼痛。胡辉理说他到洞去的目的有两个：一是出于好奇，窥探洞内的秘密；二是去拾缗钱，有一次拾到一大把，但都烂了，稍用力一捏便成粉末。事实证明，毕宰相在洞内造私钱是确有其事。有人近年曾探此洞，因修占河水库，泥沙淤塞，泥深齐大腿，内面用手电照射，深邃莫测。

毕家畈。现红花咀大畈，良田百亩，据传原名毕家畈。毕昇基地后山原名毕家坳，现说为"北风坳"。牛轭岭马家畈对河有"毕家当铺"遗址，与英山毗连的蕲春县张榜镇雷山村二组，原名单家社，足以证明英山草盘、石镇、金铺、陶河、杨柳连接蕲春边界，宋明时代，都有毕氏居住。

这些实地实物和传说，具体而生动地说明五桂村发现活字印刷术发明家毕昇的墓碑墓地完全符合当年的历史背景和地理环境。从而证明毕昇的籍贯就是现在的英山。

此外，毕昇的身世根据英山毕氏家谱和安徽太湖县望天乡海螺村毕家崖上"高山毕"族家谱也可略窥端倪，其上虽无毕昇的直接记载，但从中可看出毕昇及其后裔的来龙去脉。"高山毕"族家谱序载："我毕氏自周文王十五子公高始，晋大夫万公乃其后递，至六公迁太，世已四十有一矣。其间人文代代，济济不穷，皆万公一脉所传也……"又载："……毕自公高佐周，万事晋献，而氏以名焉，迨其后，由晋而唐而宋，支庶分蕃，人文代起，迁徙靡定，指不胜数……"据毕氏家谱所载，安徽太、宿、望三县毕氏族乃河南派，而毕昇正是河南派的一个分支。太、宿、望毕氏谱载二十五世镐公有二子："长子，师迪，次子，帅远，即二十六世。二十七世有行公、衍公、衡公、卫公。二十七世衍公有四子：即文风、文起、文腾、文蛟；衡公有二子：文龙、文虎；卫公有二子：文麟、文麒。纵观毕氏二十八世，以'文'字为辈分的有八个。"而毕昇墓碑上刻孙男："毕文显、毕文赋、毕文忠"，亦以"文"为辈字。由此，可证实其孙辈为二十八世，毕昇乃二十六世。毕氏家谱总谱序又载："帝王次第更仆难终，岂士庶之家，数经兵燹，更数千百年，数历播越而确指乎，则谓历某朝凡几代微论，据史传年数考之，不能一一符合，而世次未必可以尽信其无所失……"

从家谱所载世系年代来分析，二十五世镐公之次子师远（二十六世）于"乾符四年（公元877年）升中散大夫"，诚公（二十八世）于"宣和朝仕翰林郎，出为巡江。"其三代相距342年。毕昇为二十六世，由此更说明，毕昇族乃毕姓高寿的一支。

毕昇，一生坎坷，历尽艰辛。可是，他执著追求，初衷不改。用毕生精力完成了活字印刷术。但没有得到当时封建王朝的肯定

与推广，其生平事迹也没有载入正史，也没有载入家谱和野史。沈括在《梦溪笔谈》（卷十八）中，准确地介绍了毕昇发明的活字板及其印刷方法并交代毕昇乃"布衣"。

透过现象看本质。在封建统治的北宋时代，封建集权的专制、阶级等级的森严，以及封建传统观念壁垒的不可逾越，是造成毕昇的发明创造不能得到官方的肯定和推广，其生平事迹未能载入正史和野史的主要原因之一。

（一）毕昇的上辈人从事手工业或和雕版刻印致富，乃能使其入学。升自幼饱读诗书，而成长为乡村青年知识分子。不仅博学多才，且能继承祖传雕版刻印之类的技艺，是一个既具有古汉语音韵知识，又兼多种技艺于一身的"布衣"之士。由于他求知若渴，勤于思考，乐于钻研，针对当时雕版印刷笨拙等弊端，早年即萌发革新印刷术的念头，并全身心地投入革新试验，取得初步成果发明木活字。

任何新生事物总是向传统挑战才得以诞生成长，当时毕昇的木活字的发明，也正是新生事物向传统的公然挑战，正如伽利略、哥白尼等人的科学学说与发明创造受到宗教的扼杀一样。因而毕昇的发明也未能得到官方的重视与推行。

（二）毕昇发明的木活字，当时可能引起了官方印刷机构的重视，并投入了相当的资财刻制木活字，但付诸印刷实践之时，因其"高下不平"而告失败，给官方印刷机构造成了人力、物力上的损失而受责难。

毕昇并没有放弃自己的追求，他总结雕版、木活字印刷的实践经验，利用大别山区所富有的胶泥、松香、腊等原材料，经过反复试验，在木活字因"高下不平"而失败的基础上，改用"胶

泥刻字"，一字一印，同时运用冶炼技术，将胶泥刻字"火烧令坚"，成为个体陶字，使其达到预期的效果。

发明胶泥活字后，如何印刷，毕昇经过多次试验后将铁板作底，置以铁范，以松脂蜡和纸灰调拌，排上个体活字，成为印版。经过这些工序和技术处理后，终于克服木活字"高下不平"的缺陷，达到"字平如砥"的要求。

在印刷排版上，毕昇运用古汉语音韵学的知识，依韵分类，以利排捡。这种音韵分类的方法，至今很多字典、词典还在沿用。从沈括《梦溪笔谈》（卷十八）对活字印刷术274个字的记载，可以看出活字印刷术从铸字、排捡、印刷是一套完整的工序，"若印数十百千本，则极为神速。"其技术高超，工艺精细，创前人所未有，为后人所应用，时至今日，还可以从现代印刷术中看到毕昇活字印刷术的成果所发挥的作用。

经过呕心沥血的研究试验，于庆历中（1041—1048），毕昇的活字印刷术终获成功。由于毕昇乃一介"布衣"，不但未入正史和家谱，就连当时以尊重客观实际而著称的科学家沈括，对其身世亦未详细记载，留下千古之谜，留下历史的遗憾。

附：活字印刷术的发生、发展及对世界的影响

一、活字印刷技术的发生与发展

（一）宋代活字印刷

西方人所谓印刷术，通常指活字印刷而言。它被誉为"文明之母"，又称为"神圣的艺术"，对人类文化有极其重要和深远的意义。而饮水思源，我们不能忘记北宋活字术发明者毕昇的功绩。在世界印刷史上，他将永远居于最重要最光荣的地位。

1. 活字印刷术的发明

中国古代有关活字的思想和实践由来已久，商周青铜器铸造过程中就使用这种原理。例如 1925 年前后，甘肃出土的东周（前 7 世纪）所铸青铜饮食器秦公簋的铭文有 50 字，从拓印照片上可以看到是一字一范，合多范而成文，文内字与字之间相接的边线分明。显然是先将刻有单个字的母模逐个印在陶范上，再行浇铸。19 世纪末，山东临淄出土的陶器上印有秦始皇二十六年（前 221）诏书 40 字，每行 2 字，每 2 行（含 4 字）为一范，合

10 范而成。古代的这些实践可能为后世将活字原理运用于印刷提供过思想灵感，但严格说还不能认为这是活字印刷，正如不能将古代钤印过程视为雕版印刷一样，因为古代不具备发展印刷所需要的社会条件和技术前提。中国活字印刷是在雕版印刷发展400年后于北宋（11世纪）出现的，是从雕版印刷演变出来的，而且是其发展的必然结果。活字技术能提高制版过程的时效，节省版材、工费和工时。活字印毕还可拆版继续使用，又易于贮存。因其改变了印刷领域中主要的制版工艺面貌，已构成一项发明。近代世界印刷就是从活字印刷发展起来的，活字是继雕版之后印刷史中又一里程碑，具有划时代意义。这项发明也是在中国完成的，而后传至全世界。木版印刷是最早的印刷形式，雕版刻工在实践中切身感觉到，终日辛勤劳动所刻出的一套雕版只能印一种书，即使重印，仍是同一内容，且耗费大量版材。如果能使其劳动产品同时进行不同内容的多次印刷，就可省去重复刻字之苦，且节省材料消耗，这也是经营印刷行业的业主所追求的经济目的。而将木雕版上的字用细锯逐个锯下，便成单个字块，将各字排成印版，印刷后从版上取出，还可重排新的印版，用一套字块即可实现多套雕版的印刷功能。这就使死的印版变成活的印版，活字技术便由此产生。从技术发展规律来看，木活字是最早的活字之一，它直接脱胎于木雕版。因为木活字是只含一个字的木雕版，只要能刻出含许多字的木雕版，就能很容易制成单个木活字用于印刷。

中国最初从何时将木活字用于印刷，需加以深入探讨，但不会像人们通常认为的那样晚。至迟在五代至北宋（960—1127）初，当雕版印刷获得大发展后，有人已从事木活字印刷的试验。

至 11 世纪木活字在北宋已处于实用阶段，用于官府发行的契约和票据印刷。以田契为例，由于各州县发行的数量相当之大，宋政府制定统一的格式，以木版印制而成。马端临（1254—1323）《文献通考》卷 19 载，绍兴五年（1135）"初，令诸州通判印卖田宅契纸，……县典自掌印板，往往多印私卖。今欲委诸州通判，立千字文号印造，每月给付诸县。遇民买契，当官给付"。在田契上印出千字文编号，每契变换一个字号，印契的印刷数量就受到监控，防止县官多印私卖以肥私。因魏人钟繇（151—230）《千字文》虽由 1000 字编成，却无一字重复者，适于连续编号。宋人谢深甫（1145—1210）《庆元条法事类》卷 30《经总制》称："人户请买印契，欲乞依旧，令逐州通判立料例，以千字文为号。每季给下属县，委丞收掌，听人户请买。"字号、料例或料号，在这里指官契上印出的千字文编号。《宋会要·食货》二十五之十三乾道七年（1171）二月一日条更载，"降指挥专委诸路通判印造契纸，以千字文号置簿，送诸县出卖。可令各路提举司立料例，以千字文号印造契纸，分下属诸郡，令民请买"。可见诸路通判以千字文号印造的契纸在发至各县出卖之前，还要登记入簿，以便事后查验。上述制度可以追溯到宋初太宗（976—997）于雍熙（984—987）及端拱（988—989）年间发行的盐钞及茶引之法。后来庆历八年（1048）及熙宁七年（1074）依此法印发盐引、茶引，官府收取商人现钱后，发给以千字文字号印造的贩卖许可证，且登记入簿。

既然北宋自 11 世纪以来，由各路（省）或户部提举司通过各州通判发至诸县的有千字文编号的官契皆以木雕版印造而成，且每契都有不同字号，那么这些字号只能用木活字印出，不可能因

几字之差重刻一块雕版。就是说，在契约印版相应部位留出一些凹槽，将需要出现的字号以木活字植入其中，印好后取出，再以另外木活字印之。因而整个印版大部分文字内容不变，字号、料例则随时变化。田宅契纸、盐引（或盐钞）及茶引等实际上是木版印刷和木活字印刷相结合的产物。

木活字既然能用于印官契，当然也能用于印佛经和其他著作。如下节所述，12世纪的西夏文木活字本近年来已发现，而西夏木活字技术来自北宋。但北宋木活字本没有保留下来，却有南宋本传世。在台北故宫博物院善本室保存的宋理宗淳祐十二年（1252）徽州刊《仪礼要义》，被发现文字歪斜不齐，墨色浓淡不均，认为是木活字本。木活字虽比木雕版优越，但印汉文书需用活字数量较大，如果重新刻一套木活字印书，至少需10—20万枚，甚至更多。这个工作量并不小，且对用材的技术要求比雕版更高，所需费用和时间也较多。

因此木活字技术出现后，并未能取代雕版印刷，而是与之并行发展，在发展中逐步完善。北宋印刷工毕昇在从事印刷时，又研究出一种新的方法，以木活字为母模制成泥活字，用于印书，从而大大降低了生产费用。他成了泥活字技术的发明人。同时代学者沈括在《梦溪笔谈》卷18有下列记载：

庆历中（1041—1048），有布衣（平民）毕昇又为活版。其法：用胶泥刻字，薄如钱唇。每字为一印，火烧令坚。先设一铁板，其上以松脂、蜡和纸灰之类冒之。欲印，则以一铁范置铁板上，乃密布字印，满铁范为一板，持就火炀之。药稍熔，则以一平板按其面，则字平如砥。若止印三二本，未为简易。若印数十百千本，则极神速。

常作二铁板，一板印刷，一板已自布字。此印者才毕，则第二板已具，更互用之，瞬息可就。每一字皆有数印，如'之'、'也'等字，每字有二十余印，以备一板内有重复者。不用，则以纸贴之。每韵为一贴，木格贮之。有奇字，素无备者，旋刻之，以草木火烧，瞬息可成。

不以木为之者，木理有疏密，沾水则高下不平，兼与药相粘，不可取，不若燔土。用讫，再火令药熔，以手拂之，其印自落，殊不沾污。昇死，其印为予群从（侄子）所得，至今保藏。

毕昇用上述方法成功地印出活字版书籍，其技术便逐步在社会上传开。他用过的泥活字后来流传到沈括的侄子手中，沈括得知后便将此技术记录下来。毕昇的技术包括泥活字制造、捡字、排版、刷印、拆版和活字贮存等全套工艺过程，是完整的发明，切实可行，经得起后人用同样方法作实践检验。从宋代起直到清代，不少人以其技术成功地实现泥活字印刷。有人说毕昇的泥活字"不且实用"，"以其易脆，因而是昙花一现的"。这种断语与事实相违。12—13世纪泥活字印本的出土证明了这种活字的可用性。模拟实验表明，泥活字经高温煅烧，比未烧前变得坚硬而不易碎，将它从2米高度掷向大理石地板，仍完好无损。故包世臣称泥活字"坚贞如骨角"。

泥活字是从木活字演变而来，但泥活字与木活字的区别不只在材料上不同，且制作方法亦异，泥活字在高温下烧制而成，原料经受化学变化；木活字在常温下以机械加工方法制成，原料未经化学变化。木活字以硬木为材料，直接刻成，用久破损后即弃之不用；泥活字以黏土为材料，廉价易得，但需用母模制成，木制母模可反复用来制泥活字坯。毕昇发明的泥活字技术扩大了活

字的原料来源，降低了活字成本，因而促进了活字技术的发展。

2. 南宋周必大的泥活字

宋代用活字印过什么书，缺乏记载，清代以来藏书目录中著录了七八种宋活字本。但甲以为活字，乙或以为刻本，丙以为宋活字，丁又以为明活字，大致多凭主观臆测，不甚可信。如宋范祖禹《帝学》为范氏五世孙范择能刊于高安县，未几散佚，赵汝洋访得原本，因俾锓木。所谓锓木，乃宋雕版之通称，即锓板、锓梓，并非指木活字。《天禄琳琅》著录宋板三部，与缪艺风藏本同。前者作普通宋板，而缪氏与叶德辉《书林清话》均作宋活字本，直至最近仍有人相信它为活字本的。缪氏书后归刘氏嘉业堂，《嘉业堂书目》改题为宋嘉定辛巳（十四年）刊本。《帝学》半页 10 行，一行 19 字，而范祖禹衔名一行多至 30 余字，上下字之间重叠相连。宋开庆本《金刚经》字体亦上下交叉，紧密连接，若果为活字，上下文字体当然要分开，保持一些距离。淳祐本《璧水群英待问会元》有"丽泽堂活板印行"字样，其为活板固然不成问题，而丽泽堂本是宋本还是明本，则仍不可知。据施廷镛先生说，淳祐五年，淳祐二字系补入的，则自然不是宋本了。最为人艳称之宋活字本《毛诗》，清宫天禄琳琅旧藏，钤有"乾隆御览"之宝。白文无注，蓝印，四册，无序跋。《唐风·山有枢》篇内，"自"字横排，虽证明为活字，书中宋讳匡筐两字缺笔。而明活字本如明徐学谟《世庙识余录》，桑悦《思玄集》，匡字亦均缺笔。且为一色蓝印，而蓝印起于明代，所以有人改定为明活字本。宋罗大经《鹤林玉露》，明万历三十七年余姚孙镤称："赵君有家藏宋活字板止六卷，而内二十条近刻无之。"书中"驰"字倒置，可证明为活字，而清人在书末题识则以为"明初活字板"。

《周礼疏》旧亦有作宋活字本，实为宋越州刻本。叶氏《书林清话》称："吾藏《韦苏州集》十卷，即此板（指泥活字），其书纸薄如细茧，墨印若漆光，惟字划时若啮缺，盖泥不如铜铅之坚，其形制可想而知也。"案泥活字不一定有啮缺，此书今不知下落。宋李心传《旧闻正误》，残本，二卷一册，《刘氏嘉业堂善本书目》以为宋刊活字本，也不知有何根据。上述各种宋活字本，均不尽可信。

宋代用泥活字印书最可信的，有光宗绍熙四年（1193）周必大印自著的《玉堂杂记》。查周氏文集名《周益文忠集》，或称《周文忠大全集》，多至二百卷，宋有庆元、开禧、理宗时三种刻本。北京图书馆只存庆元残本四卷，闻日本有理宗时本，国内流传者多为明、清抄本，道光二十八年刊本亦罕见。《文忠集》卷一百九十八，有绍熙四年与程元成给事札子，札子中周氏羡慕程氏急流勇退，从容无事。接着说："某素号浅拙，老益谬悠，兼之心气时作，久置斯事。近用沈存中法，以胶泥铜板，移换摹印，今日偶成《玉堂杂记》二十八事，首恩台览。尚有十数事，俟追记补缀续衲。窃计过目念旧，未免太息岁月之沄沄也。"

文中"补缀"二字费解，黄宽重先生所引作"补缀"。文中称"用沈存中法"，因沈括《梦溪笔谈》记毕昇胶泥活板法，遂以为沈法，实即毕昇法也。周氏称"以胶泥铜板，移换摹印"，可能把胶泥活字，布置在铜板上，或铜盘内，故称胶泥铜板，移换摹印，充分表明活字印刷的特点，须把活字移动调换，排成板面，才能印刷。他首先印成的是自著的《玉堂杂记》28条。

周必大（1126—1204）庐陵（吉安）人。绍熙二年除观文殿学士，判潭州（长沙），亲理郡政，不以简贵自居。四年八月复

旧封益国公，冬易镇隆兴。他给程氏的信是绍熙四年，应在潭州任上，必大已是68岁。他的书应是在长沙所印，而不是在家乡印。印好以后，他首先寄给远道的程元诚（名叔达），可知南宋时南方仍有人仿毕昇的方法印书。高丽在1234年用金属活字印成《详定礼文》。而周氏《玉堂杂记》的出版，又早于高丽铸字本31年，是世界第一部活字印本。可以填补活字印刷自北宋至蒙古初中间一段空白，因此此次发现，应该说是十分重要，并且极为难得。

　　玉堂即翰苑，藏有景德二年铸"翰林学士院印"，为南渡后唯一携至临安之北宋最古官印。必大是南宋太平宰相，入翰林学士院多年，深受孝宗的宠遇，作为皇帝的顾问与代笔。孝宗誉之为"真大手笔"。周氏记录翰苑典故，与孝宗问答唱和之诗，及赏赐所得小春茶、御墨、流香酒、时果、冰、锦袄子等。学士院有高宗书"玉堂"二字刻石，各种花果。又记载高宗让位后所居之德寿宫，仿灵隐冷泉，即宫中凿大池。续竹筒数里，引西湖水注入其中（最早的自来水）。其上叠石为山，像飞来峰。又记载该宫四面游玩庭馆，如梅堂，匾曰香远，木樨曰清新。种植竹、荷、牡丹、海棠等各种花木，金鱼池名泻碧。又记官员往浙江亭观潮等。名《玉堂杂记》，可广见闻。今有《明清丛书》本三卷，约8000字，题《淳熙玉堂杂记》。有淳熙壬寅（九年）周氏自跋，称："仅得五十余条，厘为三卷。"当时已被抄传。绍熙二年苏森跋称："明月夜光，天下之所同宝也。"宋代收入《百川学海》中，可惜周氏原印本早已失传。

　　活字板因时代材料不同，在文献上选后出现了各种不同的名称，如元代称"活板"、"活书板"、"活字书板"，明代称"活

板"、"便板"、"活套书板"、"合字板",清代称"子板"、"排板"、"排字板"、"摆字板"、"集字板"、"集锦板"。乾隆帝认为活字之名不雅,改称"聚珍板",或写作"聚鑫板"。朝鲜、日本有时也称"聚珍板"。见于清人记载的大致以活字板与聚珍板两名最为普遍。所谓活板、活字板,有灵活之意,以别于雕版之死板。聚珍、集锦,则有聚集珍宝锦绣之意,便板有方便之意,子板取子母相生之义。排版、摆板、合字、集字,则指活字印刷之重要工序排字而言。

又因制作材料的不同,有胶泥板、泥活字板、泥斗板、泥聚珍板、澄泥板、磁板,木活字板、聚珍木板、木刻活字板,铜活字板、活字铜板、聚珍铜板、铜摆板,或简写作同板,或全板。铜板因字体大小,分大铜板、小铜板。又有锡活字板、铅活字板等名称。利用各种金属与非金属材料,因材制宜,造成各种活字,可以看出古代劳动人民的智慧与精益求精的改革精神。

(二)元代活字印刷

1. 杨古的泥活字

元初忽必烈的谋士姚枢以"《小学》书流布未广,教其弟子杨古为沈氏活板,与《近思录》、《东莱经史论说》诸书,散之四方"。此事见于元姚枢之侄姚燧《牧庵集》卷十五"中书左丞姚文宪公神道碑"。《牧庵集》元有庆元路刊本,今佚。清修《四库》时从《永乐大典》辑出,惟文津阁《四库全书》本、武英殿聚珍本、《四部丛刊》本,均误作沈氏"活板",意思说不通。惟清黄丕烈旧藏抄本作沈氏"活板"不误。沈氏活板就是沈括所记的毕昇活板。其时间约在蒙古太宗十三年至海迷失称制三年(1241—

1250），比毕昇恰晚 200 年。杨古在辉县印还是燕京印，用的什么活板，文中没有详细说明。15 世纪朝鲜著名学者金宗直跋朝鲜活字本《白氏文集》云："活板之法始于沈括，而盛于杨惟中，天下古今之书籍无不可印，其利博矣。然其字率皆烧土而为之，易以残缺，而不能耐久。"金氏说杨惟中盛行活字，都用泥土烧成，但是根据《牧庵集》原文，杨惟中在燕京出版的《四书》，仍是雕版。又朝鲜本《简斋诗集》跋云："活字板之法始于沈括，而盛于杨充，然其字率皆烧土而为之，易以残缺，而不能耐久。"关于杨惟中、杨充盛行泥活字印书，未见国内记载，朝鲜学者所称，当另有根据。杨充，萨托（Satow）引《右文古事》作杨克。杨克与杨古二字，字形与字音均相近似，因此认为杨古的活板，就是泥活字板。杨古所印的朱熹与吕祖谦的书，虽然晚于周必大印书，也是我国较早的活字印本。

2. 王祯、马称德的木活字

毕昇用胶泥活字时，也曾试验过用木作活字，但他认为木的纹理有疏密，沾水，则高下不平，兼与药相黏，不可取，反不及燔土，不至沾污，因此舍木而用泥。至正式用木活字印成汉文书，最早的不得不算是元代的王祯。其时间晚于杨古的活板。王祯字伯善，山东东平人，是一个多面手的科学家。但《元史》、《新元史》均对其没有记载。其事迹只散见于皖、赣两省地方志中。清朝因避雍正帝胤禛的讳，在方志里被改作王桢，或王贞，又或作王正。

王祯学识广博。元贞元年（1295）起做宣州旌德县尹（今安徽省旌德县），在任 6 年，生活朴素，自己捐薪俸修学校、桥梁、道路，教农民种植、树艺，施舍医药给穷苦有病的人。大德四年

（1300）由旌德调任信州永丰县尹（今江西省广丰县）。他又以奖励农业和教育为主要任务，常买桑苗和棉子，教导农民种植。因为王氏是个农学家，他每到一个地方，就提倡农业生产，注意建设，给人民着实做了一些好事，所以旌德、永丰两县人民对他都有好评，在他离开以后，还都想念他。当然他的最大贡献是《农书》。

《农书》约有 30 万字，是中国农学史上的一部巨著。内容分三大部分：第一部分"农桑通诀"总论农业历史，耕垦、耙劳、播种、锄治、粪壤、灌溉、收获，以及植树、畜牧、蚕缲等。第二部分"百谷谱"，分别叙述各种农作物、菜蔬、瓜果、竹木等种植培养法。第三部分"农器图谱"，画着各种农具、农业机械的图，并附文字说明。这部书他不但是搜辑旧闻，参考了许多农书，总结了前人经验，并且是根据南北各地生产中的实践，以及自己研究心得，经过多年努力，不断修改补充而写成的。他自己也认为这是一部比较完备的书。《农书》有不少版本，新中国成立后也经过翻印，元朝江西原刊本早已失传，现存最早的是明嘉靖九年（1530）山东布政司刊本，它与《四库全书》本微有不同。

我国历史上有不少科学技术的发明与创造，往往因后继无人，年久失传。这固然是由于过去统治阶级不重视科学，而没有正确的图画和详细的文字记载，也是一个原因。尤其机械制造，非图不明，而我国著作中最缺少的就是这类图谱。把农业机械、灌溉机械、纺织机械绘图说明的，王祯恐怕是较早的一个。他的图谱不少被明末科学家徐光启、宋应星的著作所采用。清初《古今图书集成》和《授时通考》等书上采用的也不少。

　　王祯在安徽旌德县时，已开始写《农书》，因字数很多，雕印困难，所以请工匠创制木活字，约 3 万多个，两年完工。方法是：先用纸写好大小字样糊于木板上刻字，刻好以后，用小细锯把每个字锯开，再用小刀把每个木字修理成一样大小。再一行行排字，用竹片夹起来，排满一板框，使字不动，然后涂墨铺纸，用棕刷刷印。这套活字本意用来排印自己写的《农书》，后来因江西方面已把它雕成整板，并没有用上；只在大德二年（1298）试印过王祯自己编写的《旌德县志》，而不是一般过去中外学者所说的延祐元年（1314）。全书 6 万多字，不到一月而百部齐成，同刊板一样，证明效率很高。这是我国方志中最古的活字本，可惜早已失传。

　　王祯在排字技术上，又有所独创。他认为排字工人走来走去寻字，很不方便，于是制造了两个木质"转轮排字盘"，依号数铺摆木字，一人坐在中间，左右俱可推转轮盘拣字，这叫做"以字就人"，比以人寻字可减轻劳动，提高效率，这在排字技术上也是一个创举。王氏在印刷史上的另一贡献，就是他把这次试制活字印书成功的经验，写了一篇总结性的文章，名为《造活字印书法》。从写韵刻字、锯字、修字、造轮取字、安字，一直到印刷，都有系统地记录下来，附在《农书》后面，成了印刷史上很珍贵的文献。已被译成几种外文。原文如下：

　　"五代唐明宗长兴二年，宰相冯道李愚请令判国子监田敏校正九经，刻板印卖，朝廷从之，锓梓之法，其本于此。因是天下书籍遂广。

　　然而板木工匠所费甚多，至有一书字板，功力不及，数载难成，虽有可传之书，人皆惮其工费，不能印造，传播后世。有人

别生巧技，以铁为印盔界行，内用稀沥青浇满，冷定，取平火上，再行煅化，以烧熟瓦字排于行内，作活字印板。为其不便，又有以泥为盔界行，内用薄泥将烧熟瓦字排之，再入窑内烧为一段，亦可为活字板印之。近世又有铸锡作字，以铁条贯之作行，嵌于盔内界行印书。但上项字样难于使墨，率多印坏，所以不能久行。

今又有巧便之法。造板木作印盔，削竹片为行，雕版木为字，用小细锯锼开，各作一字，用小刀四面修之，比试大小高低一同，然后排字作行，削成竹片夹之。盔字既满，用木楔挦之，使坚牢，字皆不动，然后用墨刷印之。

写韵刻字法：先照监韵内可用字数分为上、下平、上、去、入五声，各分韵头，校勘字样，抄写完备，择能书人取活字样，大小写出各门字样，糊于板上，命工刊刻。稍留界路，以凭锯截。又有语助词‘之’、‘乎’、‘者’、‘也’字及数目字，并寻常可用字样，各分为一门，多刻字数，约有三万余字。写毕，一如前法。今载立号监韵活字板式于后。其余五声韵字，俱要仿此。……

锼字修字法：将刻讫板木上字样，用细齿小锯，每字四方锼下，盛于筐筥器内。每字令人用小裁刀修理齐整。先立准则，于准则内试大小高低一同，然后另贮别器。

作盔嵌字法：于元写监韵各门字数，嵌于木盔内，用竹片行行夹住，摆满，用木楔轻挦之，排于轮上，依前分作五声，用大字标记。

造轮法：用轻木造为大轮，其轮盘径可七尺，轮轴高可三尺许。用大字砧凿窍，上作横架，中贯轮轴，下有钻臼。立转轮盘

以圆竹笆铺之，上置活字板面，各依号数上下相次铺摆。凡置轮两面，一轮置韵板面，一轮置杂字板面。一人中坐，左右俱可推转摘字。盖以人寻字则难，以字就人则易，此转轮之法，不劳力而坐致。字数取讫，又可铺还韵内，两得便也。

取字法：将元写监韵另写一册，编成字号，每面各行各字，俱记号数，与轮上门类相同。一人执韵依号数喝字，一人于轮上元布轮字板内取摘字只，嵌于所印书板盎内。如有字、韵内别无，随手令刊匠添补，疾得完备。

作盎安字刷印法：用平直干板一片，量书面大小四围作栏，右边空，候摆满盎面，右边安置界栏，以木榍搁之。界行内字样须要个个平正。先用刀削下诸样小竹片，以别器盛贮，如有低邪，随字形衬垫搁之，至字体平稳，然后刷之。又以棕刷顺界行竖直刷之，不可横刷。印纸亦用棕刷顺界行刷之。此用活字板之定法也。

前任宣州旌德县尹时，方撰《农书》，因字数甚多，难于刊印，故尚己意命匠创活字，二年而工毕。试印本县志书，约计六万余字，不一月而百部齐成，一如刊板，始知其可用。后两年，予迁任信州永丰县，挈而之官。是《农书》方成，欲以活字嵌印，今知江西见行命工刊板，故且收贮，以待别用。然古今此法未有所传，故编录于此，以待世之好事者，为印书省便之法，传于永久。本为《农书》而作，因附于后。"

总之，王祯不但在农业科学史上有极其重要的贡献，在机械史和印刷史上，也有光辉的成就。像他这样多面手的科学家，在中国科学史上是不多见的。

过去曾有人把王祯的木活字，说成是元代尹时方发明的。这

是因为王氏造活字印书法中，有这样的话："前任宣州旌德县尹时，方撰《农书》。"他们误解文义，把句子的标点标错，作"前任宣州旌德县尹时方，撰《农书》"，把尹时方误作为人名，其实元代根本没有尹时方其人。

后来清代木活字印书法，基本上与此相同。不过乾隆武英殿聚珍板是先做成一个个单独的木子，使其大小高低一律，而后在木子上刻字，垫板时使用纸片。常州的排印工人则在字盘内铺一层泥土，再把木字一个个移植在字盘里。这与朝鲜李朝初期铺黄蜡排铜字的用意相同，无非要使活字牢固不动。

在王祯以后 20 多年，马称德也用活字来印书。马氏字致远，广平人。延祐六年（1319）做奉化知州，在任三年，开河筑堰，兴修水利，垦荒田 13 顷，大规模植树造林，设立学校，建造藏书楼（尊经阁）。他同王祯一样着实做了不少有利人民的事业。又"镂活书板至十万字"，比王氏的木字要多三倍。至治二年（1322）用活字书板印成《大学衍义》等书。可见所印的不止一种，他修的延祐《奉化州志》，可能也用新活字印成的。单是《大学衍义》一部，就有四十三卷，二十册。可惜这部至治活字本宋真西山《大学衍义》早已失传。马氏印书是否模仿王氏，不得而知，而元代木活字流行于皖南、浙东一带则已是事实了。

清莫友芝《邵亭知见传本书目》著录五代王仁裕《开元天宝遗事》为元刊活字本，今未知下落。北京图书馆藏有元《御试策》，四周缺口很大，横行参差不齐，墨色浓淡不均，的确是活字，过去或认为是朝鲜铜字印本，但它与朝鲜字字形不符，前后无序跋，并未注明是铜字，今作为元代木活字，是国内现存最早的活字本之一。

3. 元代的锡活字

自北宋毕昇发明泥活字后，元朝又有人利用锡铸造活字。由泥活字到金属活字，这在印刷技术上是一大进步。元王祯《造活字印书法》中谈到"近世又铸锡作字，以铁条贯之，作行，嵌于盔内，界行印书"。这是我国用金属活字印书的最早记载。他所说的"近世"，似指元朝初年，这比欧洲谷腾堡用金属活字印书，几乎要早一两百年。王氏文中明白地说："铸锡作字"，可见锡活字是铸造的，而不是在锡上直接刻字。既是铸造，那么一定要经过刻字模、熔锡、浇铸、修整等工序。那些锡字每个字身大概都有小孔，所以能用铁条穿得起来，排在字盘内，再用界条隔开来印刷；但是因为锡活字不像木板一样容易使中国墨，往往印坏。因此这个新发明，只是昙花一现，没有普遍流行。至于锡活字创自何人？始于何地？印有何书？现在都不可考了。

（三）西夏活字印刷

11世纪初，在宋朝西北，今宁夏、甘肃、陕北一带，出现了一个新兴国家。其祖先为拓跋氏，唐末赐姓李，宋初赐姓赵，原先是一个以"羊马为国"的党项游牧民族。1038年，李元昊（1003-1048）正式建国，号"大夏"，史书称为"西夏"或"夏国"，建都兴庆（今宁夏银川市）。初与北宋、辽三国鼎足而立，后又与南宋、金三国鼎峙。西夏对北宋称臣，曾为辽属国，后又向金称臣。

元昊立官制，定服制，造文字。后又教授汉学，尊孔子为文宣帝，学校讲授的是儒家经书，并购买儒、释书籍。同时国内手工业商业得到发展，《天盛律令》中载有纸工院，刻字司（或作

刻印司）。政府官营作坊既然有专门造纸刻字的机构，那么刻书事业自有可观。夏国从宋得到监本书很多，究竟翻刻多少，未见记载。西夏刻汉文本不多，惟西夏文著作及译本发现不少，有几种还注明刻印司刻印，当然是在首都兴庆出版的。

从现在所发现的西夏文文献看，内容大体包括佛经、辞书、法律、文书、汉文典籍的译本等。西夏提倡佛教，不断刻印佛经，又费 50 多年的功夫，译成 3000 余卷西夏文佛经，即西夏文《大藏经》。西夏文《大藏经》是我国最早用少数民族文字刊印的佛经，比藏文《大藏经》要早。

1991 年，在宁夏贺兰山拜寺沟方塔废墟中发现了西夏文佛经《吉祥遍至口和本续》残本，无卷首、卷末与题跋，印刷的年代不可考。同时发现的有西夏崇宗贞观年（1102—1114）西夏文木牌，仁宗乾祐十一年（1180）发愿文两件。又《吉祥遍至口和本续》为藏传佛教密典，而西夏后期也是藏传佛教在西夏传播与发展的时期，因此推定它为西夏晚期的印刷品。又认为是用活字印刷的，依据是：此经具有活字的一些特点：（1）版框栏线四角不衔接，长短不一。（2）墨色浓淡不均。（3）有个别字排倒。此外，还有一些其他特征，可证此经是用活字印刷的。有人据王祯《农书》卷二十二"造活字印书法"所记"排字作行，削成竹片夹之"，而沈括《梦溪笔谈》无隔行的工序，因此断定此经为木活字印本，似难令人信服。因为有隔行线的痕迹，并不是活字独具的特征，金属活字也有这一现象；此外，有的印本虽是木活字印本，但是印得完全像雕版一样，如武英殿聚珍版的一些木活字印本。因此仅以有无隔行线来区别木活字和其他活字，理由不够充分。

北京图书馆所藏佛经中以《大方广佛华严经》数量最大，占全部《华严经》的2/3。西夏文《华严经》的卷第四十，有西夏文刻款两行，译文如下：

　　　　"实勾管作选字出力者盛律美能慧
　　　　共复愿一切随喜者皆当共成佛道"

　　"选字出力者"五字，意指印书要经过拣字的过程。
　　又《华严经》卷五题款中有木刻押捺题记两行，内容为：

　　　　"都行愿令雕碎字勾管做印者都罗慧性
　　　　又共行愿一切助随喜者共同皆成佛道"

　　其中"碎字"即指活字而言。以上这些题款说明，此经用活字雕刻而成。
　　有人根据西夏文《华严经》残卷，行字之间歪斜参差不齐，正面纸背墨色浓淡不一，有不少挖补重印之字，又有印错之字，并不挖补，即于其上加盖校正，又有用墨笔填写小字的，以为这些都是活字之证。这部夏仁宗时的西夏文《华严经》，或以为是元代杭州刻的木活字所印。假使以上几部西夏文著作真的是木活字印，那当然是现存最早的木活字本了。
　　元代木活字流传到维吾尔族。维吾尔文为拼音字，他们所造的木字则是单字，不是字母，单字拼音有长短，所以木字不能方整相同。过去在敦煌发现的元代维吾尔文木活字几百个，敦煌艺术研究所还保存几个，据考定为1300年的遗物。库车与和田也曾

发现汉字、八思巴字和古和田文的木活字印刷品。

巴黎国立亚洲吉美博物馆所藏回鹘文木活字，为本世纪初伯希和在敦煌考察时在沿窟中发现（一桶约千枚）。现放在一木箱内，整齐地摆在带槽的三层木板上，共 940 枚。据报道，在伯希和之后，俄国探险家又在敦煌发现回鹘文木活字 10 万枚，现藏俄罗斯圣彼得堡东方博物馆，我国仅敦煌研究院藏有 6 枚。这些木活字较硬，可能是枣木制成，高、宽为 2.2cm×1.3cm，长不同，随音节长短而定。据考察：吉美博物馆所藏活字以词为单位的木活字还不到总数的 15%，多为常用的佛教名称；单音节的木活字约占总数的 60%，双音节或三音节但不是一个完整词的木活字约占总数的 20%。另外还有单字母活字约 5%。因此，回鹘文本活字既不同于汉文单字式又不同于西方后来的音素式活字，它是一种以音节为主并兼有单词和音素式的活字。可以说，回鹘人在中国印刷术西传的过程中起到了非常重要的作用。把木活字与巴黎所藏的回鹘文印刷品对比，认为印刷品可能是用活字印刷的，而不是通常认为的用雕版印刷的。

（四）明代活字印刷

1. 明代木活字

明代随着社会经济与文化的发展，木活字印刷比元代大为流行，尤其万历年间（1573—1620）印本更多。胡应麟（1551—1602）云："今世欲急于印行者有活字，然自宋已兆端，今无以药泥为之者，惟用木称活字云。"清魏崧云："活板始于宋，明则用木刻。"清龚显曾云："明人用木活字板刷书，风乃大盛。"从以上三人的说法，以及流传的实物来看，明代的木活字确实比较

普遍。不过龚显曾把华坚兰雪堂铜活字本《春秋繁露》等书，都当做木活字本是错误的。本来有的印本，一开卷便可知其为活板，但有的却与雕版难以区别。至于在活字中再细分木字与铜字，自然更困难。铜板书有不少标明为铜字，而木活字本则本身很少有标明为木字的。因此同一印本甲以为木字，乙以为铜字，丙甚至以为整板，众说纷纭，莫衷一是。现在为研究便利起见，只好把活字本中除确实注明为活字铜板，或一般公认的几种铜板外，其余的一律算作木活字本。

明代政府未闻用活字印书，而分封各地的藩王除大量雕印书籍，以表示崇文好学，附庸风雅外，也有采用活字的。藩王们履丰席厚，钱粮富足，对于制造活字自然是轻而易举。他们所造的多为木字，而非金属活字。有人以为唐藩朱芝城造活字铜板，并非事实。藩王所造活字可考的有蜀府活字与益府活字。前者嘉靖辛丑二十年（1541）印有苏辙的《栾城集》八十四卷，序跋中称"校正锓梓，以广其传"，又云"我皇明蜀殿下所刻也"，说的好像是雕版，而书中四周边栏大缺口，有个别字只印出一半，应是活字，方体字分大、小二种。蜀王朱让栩号适庵，为明太祖七世孙，书印于成都。后者则于万历二年（1574）印有元武进人谢应芳所撰的《辨惑编》，谢氏驳斥有关死生、疫疠、鬼神、相法、禄命等迷信，原有明初洪武本。益王一斋"恐其传播之未广也，爰循旧本益加校订，命世孙以活字摹而行之"。附录末页中间有"益藩活字印行"一行。同年又印行曾做过苏州知府况锺幕僚的顾亮所著的《辨惑续编》。据乾隆《建昌府志》，益王一斋，名朱厚炫，嘉靖三十六年（1557）袭封益王，万历五年（1577）卒。世孙名朱翊鈏，号潢南，嘉靖三十七年（1558）进封益世孙，万历八年

（1580）袭封王，三十一年（1603）卒。或以潢南道人为朱佑槟是不对的。

宋、元有不少书院刻书，而书院有活字则起于明代。正德庚午（1510）黄希武辑《古文会编》，先用活字印。嘉靖丁酉（1537）海虞钱璠编辑《续古文会编》五卷，仍以"东湖书院活字印行，用广其传"。每页板心下方有"东湖书院活字印行"一行，可见初编也是用东湖书院活字印的。常熟钱梦玉又以东湖书院活字印行其师薛方山中会魁的三试卷。薛应旂，字方山，武进人，以八股文名于世。

明代私人有活字的，如南京监生胡旻有活字印。正德戊寅（1518）国子祭酒贾詠藏善本《庄子鬳斋口义》，"因命摹之，以代抄写"。南京拔贡李登，字士龙，万历二十五年用家藏"合字"，印其自著的《冶城真寓存稿》八卷，数百本，以送友人。嘉定徐兆稷借人家的活板，印行其父徐学谟所著记载嘉靖一朝掌故史料的《世庙识余录》二十六卷，100部。活字板可以自用，又可借人使用，这是为雕版所不及的。

明代木活字本有书名可考者约100余种，多为万历印本，弘治以前的极少见。其有地名可考者，除上述成都、建昌、南京等处外，又有江苏、浙江、福建、江西、云南等地。江苏有润州问经堂印《包孝肃奏议》，而以苏州、常熟、太仓一带为较盛。如吴门印有《文心雕龙》（弘治十七），吴郡严氏印严讷《春秋国华》（万历三），长洲韩氏有《曹子建集》，虞山荣荆堂印《慈谿黄氏日抄》三十一卷，海虞黄美中校印王世贞《凤洲笔记》（隆庆三），常熟赵用贤印《十子》，太仓赵枢生有《含玄先生集》，张溥印《百三家集》，云间潘恩有《玄览堂诗抄》（隆庆三），上海顾从德

芸阁印杨循吉的《松筹堂集》十二卷（万历元）。

仁和卓明卿编《唐诗类苑》一百卷，《四库提要》以为卓氏系偷窃张之象的稿子，万历十四年（1586）印，每页板心下方有"崧斋雕本"四字。邓元锡《函史》，郭相奎"以活板槾行于武林，百许部，一时殆尽"。明季豫章魏显国《历代史书大全》五百二十卷印于武林，共百余部。万历初张佳胤官浙江巡抚时，巡视浙东绍兴、温州等处，出版了《东巡杂咏》。鄞人包大㤮刊行自作诗词名《越吟》（万历元）。《东阳庐氏家乘》为隆庆间印本，残存四册。湖州有茅元仪《武备志》二百四十卷（天启元），这是一部军事学巨著。

福建活字本有建宁府《史记》，卷四十八陈涉世家，"八"字倒排（正德）。朱仁傲印李备《新刻史纲历代君断》（万历四），福州林氏寿梓其六世祖榜眼林誌的《续刻蒜斋公文集》、《福建醝政全书》（天启七），后者所用大小活字十分悬殊。又有福建书坊詹佛美活字印明詹莱《招摇池馆集》十卷。

《函史》下编每卷末有篆书"念初堂命工锓行"小牌子。考念初堂为庐陵陈嘉谟之堂名，陈氏与著者邓元锡均为赣人。陈氏嘉靖进士，卒于万历三十一年，著有《念初堂集》。则此书除杭活本外，又有吉安印本。

隆庆五年（1571）云南用活字印云南布政使钱塘陈善的《黔南类编》八卷，附有《公文批详》二卷，内有不少云南地方史料。《黔南类编》，康熙《云南通志》误作《滇南类编》。

又明活字本有毕氏活字本《李峤集》、《刘随州集》。夏氏活字本《使琉球录》，为夏子阳、王士桢同编。又有种松书屋活字本《蒙求集注》。年代可考者又有宋罗大经《鹤林玉露》，清人题识以

为明初活字，有嘉靖间著名藏书家顾元庆藏印，那么这部书最晚也应当为嘉靖前出版。宋刘宰《漫堂刘先生文集》宋讳多缺笔，大活字板，缪荃孙以为决不在弘治下。正德本有朱应登活字印《鲍参军集》（正德五年），陈沐活字本《对床夜话》（正德十六），石门洪觉范《天厨禁脔》，叶盛《水东日记》，《须溪先生批点孟浩然集》，明涂棐《韦庵奏疏》。嘉靖本有薛己《立斋外科发挥》（嘉靖七），晋江黄潜翁《读易备忘》，闵文振《异物汇苑》。隆庆本有何玄之、印袁凯《海叟集》（隆庆四），张士瀹《国朝文纂》五十卷（隆庆六），《太平广记》五百卷，据嘉靖谈恺本排印，行字较密。万历本有万历初活字本《朝野新声太平乐府》三册，小活字，字画潦草，多简笔。又有桑悦《思玄集》，三余斋印董传信《诗史》十卷，均万历二。方大镇《田居记》。崇祯本有《壬午平海记》。此外见于清及近代藏书目录，但仅笼统地著录为明活字本，出版时地也不可考的，尚有《象山全集》，宋乐雷发《雪矶丛稿》，方逢辰《蛟峰先生文集》及《西京杂记》、《老子》、《刘子》、《颂诗录》等，不再一一列出。

明代木活字本中有名的有《鹖冠子》，板心下方有"活字板"、"弘治年"或"碧云馆"字样，碧云馆主姓名待考。书皮有乾隆三十八年四月"两淮盐政李质颖送到马裕家藏《鹖冠子》壹部计书壹本"大朱印。首有乾隆癸巳（1773）御题诗一首。因为乾隆一再提到此书，又为《四库全书》中《鹖冠子》的底本，所以在活字板中颇负盛名。

明末南方开始用木活字来排印家谱，如《曾氏宗谱》（隆庆五）、《沙南方氏族谱》（万历三十四）、《遂邑纯峰张氏宗谱》（万历三十九）、《方氏族谱》（崇祯），又有《东阳庐氏家乘》、

《新安喻氏统宗谱》、《袁氏宗谱》等。

明活字本，一般校勘不精，脱误错字不少，如上述《鹖冠子》，乾隆说它"字体不工，且多讹谬"。《栾城集》"季子"误作"李子"。《凤洲笔记》卷十七，卷端书名"凤"字下，漏掉"洲"字，连书名都弄错了。字体多为方体，不够美观。《朝野新声太平乐府》虽为写体，而字体潦草恶劣。至于行字歪斜，墨印浓淡不匀，更是普遍现象；当然其中也有比较工整的。排字工不小心，有时漏排成空格，有的把个别字横排，或倒置。如《毛诗》中的"自"字横排。在《鹤林玉露》卷三第四页反面"驼"字则为倒排。听说有位外国人，发现正德十三年（1518）本《史记》四十八卷的"八"字，也是倒摆。这些偶然错误，今日恰成为鉴定活字本的有力证据。

关于明木活字排印工姓名所知者，比铜活字印工更少。仅有《鹖冠子》板心有"宁"字，《璧水群英待问会元》为姑苏胡升缮写，章凤刻，赵昂印。《含玄先生集》卷末有"品三系书刻"五字。《黔南类编》序文，楷书大字，板心有"陈敬所刊"字样，惟全书方体活字，不知是否亦出其手。

清初顾炎武以为修明史可以《邸报》为根据，他充分认识报纸的史料价值。并云："忆昔时《邸报》至崇祯十一年（1638）才有活板，自此以前并是写本。"万历年间北京有以送《邸报》为业的报房，南京西洋教士为取得情报，"给工食与报房人"，可见报房已受到外人的注意与利用。明代弘治《邸报》，报道了湖北"应山县女子忽出髭三寸余"，万历三十六年仲冬乙巳福州军苏九郎妻邓一产两男两女等地方新奇新闻，登载这类新闻，自然受朝野人士欢迎。清多尔衮批评明末朝报上下相欺蒙。现存《邸报》

以万历元年抄本为最早。

2. 明代金属活字

过去我国金属活字印刷中最流行的既不是锡字，也不是铅字，乃是铜字。元黄溍所作《智延和尚塔铭》，有"三岁将镂铜为板以传"之语。清孙从添《藏书纪要》称："宋刻有铜字刻本、活字本。"片言只语，词句含混，意义不明，很难据以断定宋、元时代即已有铜活字。至于宋、金、元三朝政府用小块铜板，大量印刷钞票，则是事实，并有铜板和钞币实物流传，但都是整板，与铜活字无关。

（1）华氏的铜活字

华 燧

我国真正的铜活字印刷，仍不得不以明代华燧会通馆所制的为最早。华燧（1439—1513）字文辉，号会通，江苏无锡人，"少于经史多涉猎，中岁好校阅，辄为辨证，手录成帙。既乃范铜板锡字，凡奇书艰得者，悉订正以行，曰：'吾能会而通之矣。'"邵宝《容春堂集》会通君传云："既而为铜字板以继之，曰：'吾能会而通矣。'乃名其所曰会通馆。……君有田若干顷，称本富，后以勤书故，家少落，而君漠如也。"他的铜字大约成功于弘治三年（1490），自己说："燧生当文明之运，而活字铜板乐天之成。"他的动机只是为减少手笔抄录的麻烦，后来乃公行于天下。当时有人打算把《宋诸臣奏议》重新刻板，而怕费用浩大，就请会通馆活字铜板印正，以广其传，于弘治三年印成50册。当时因为只有一副活字，正文和小注不分大小，每行内双排，参差不齐，有的字只印出一半，墨色模糊邋遢，沾手便黑。又校勘不精，脱文误字，每卷都有，有脱一两页者，字句不贯，文义隔绝，印的

实在不高明，远不及朝鲜铜字之精美与纸墨之佳良，而它却是我国现在所知最早的金属活字印本。后来他又陆续印行宋人类书潘自牧的《记纂渊海》、谢维新的《古今合璧事类前集》、与未详作者的《锦绣万花谷》。后者有华家小铜板与大铜板两种，小铜板当指小铜字，大铜板当为大铜字。又印宋左圭的《百川学海》丛书，上海郁文博曾提到《学海》（指《百川学海》）近在锡山华会通先生家翻刊，铜板活字，盛行于世。至于《九经韵览》、《十七史节要》，则是华燧自己写作的。印《君臣政要》时年已 68，卒于正德八年，年 75 岁。会通馆铜板印书可考者约 19 种，在明人铜字印本中数量方面首屈一指，而时间又最早。其中弘治十三年（1500）以前印的《宋诸臣奏议》《锦绣万花谷》《容斋五笔》《百川学海》《九经韵览》《文苑英华纂要》《音释春秋》《古今合璧事类前集》《校正音释诗经》等九种，相当于欧洲的摇篮本，特别珍贵。

华　珵

华燧的叔伯华珵，字汝德，号尚古，成化八年（1472)贡生。做过一任北京光禄寺署丞，窖粟万钟，辟田千顷，是一个官僚大地主，收藏书画古董很富，又精于鉴别。康熙《无锡县志》说他"又多聚书，所制活板甚精密，每得秘书，不数日而印本出矣"。苏州名士祝允明（枝山）云："光禄（指华珵）年逾七十，而好学过于弁髦。又制活字板，择其切于学者，亟翻印以利众，此集之所以易成也。自沈梦溪（即沈括）《笔谈》述活板法，近时三吴好事者盛为之；然印有当否，则其益有浅深。"华珵选印的陆放翁《渭南文集》、《剑南续稿》是比较有益的。他虽比华燧大一辈，而两书都在弘治十五年（1502）印，比会通馆的稍晚一些。

他也印有《百川学海》，乃是刻本，非活字本。

华 坚

华燧的亲侄华坚，也在正德年间印书，华坚字允刚，事迹不详。过去或以为华坚的活板，模仿同县安国，其实安国出生较晚，只有安国模仿华家，不会华家仿效安家。华坚印书多有"锡山兰雪堂华坚允刚活字铜板印行"牌子或刊语，又有"锡山"两字圆印，及"兰雪堂华坚活字铜板印"篆文小印。兰雪堂印有汉蔡邕、唐白居易、元稹等著名文学家的诗文集，马总《意林》，及唐人类书《艺文类聚》。后者有华坚的儿子华镜正德乙亥（1515）写的后序。兰雪堂本一行内排印两行，被称为兰雪堂双行本，传世稀少，颇得藏书家的好评，但《蔡中郎集》亦"亥豕鲁鱼，无页不有"。所有印本多注明活字铜板，而清龚显曾误以兰雪堂双行本为木活字。

此外但称"华家铜板"，而不知何家所印的，有《史鉴》、《盐铁论》两书。无锡华家铜活字印书多，出版快，虽因校勘不精，为世诟病，但其在创用铜活字方面的功绩是不可磨灭的。难怪他们的出版品同宋版一样，为清代以来藏书家所钟爱，其中有数种失传，更觉可惜。

无锡华氏虽为一家，但过去对他们的关系没有弄清楚。清末叶昌炽《藏书纪事诗》疑华珵为华埕之误，并以华埕为华燧之子侄辈。今据清华孳亨《华氏文献表》，华珵的弟弟名华珏，并从王旁，华珵的名字没有错。又华珵为十三世，华燧为十四世，珵较燧大一辈，叶氏反说成小一辈，把他们的世系颠倒了。叶德辉《书林清话》以华镜必坚之从子。据《华氏山桂公支宗谱》，华镜是华坚的长子，并非其侄。又有人把华珵作为华坚的堂兄弟，则

相隔两代，自然更错了。华氏印书多限于一代，只有兰雪堂华坚、华镜父子两代印书。

有人认为会通馆印书是锡活字本，根据《华氏传芳集》卷四"会通府君宗谱传"云："著《九经韵览》，又虑稿帙汗漫，为铜板锡字，翻印以行。"《华氏传芳集》卷十五明乔宇"会通华处士墓表"云："复虑稿帙汗漫，乃范铜为板，镂锡为字，凡奇书艰得者，皆翻印以行。"清初华渚《勾吴华氏本书》卷三十之一云："既乃范铜板锡字，凡奇书艰得者，悉订正以行。"

以上三条均提到锡字，而乔宇所谓"范铜为板，镂锡为字"，锡字是刻镂而成，说得更清楚。这样似乎应该肯定华燧（1439—1513）会通馆用的活字是锡活字了。

有人又长篇考证了明邵宝《容春堂集》的版本问题。邵宝与会通馆华燧是同乡，同时又相识，所以他说的是第一手资料，比较可信。《容春堂集》说："既而为铜板锡字以继之。"而另一版本则作"既而为铜字板以继之。"则华氏所造为铜字，而非锡字了。究竟以哪个本子为正确，尚待进一步探讨。

有人说："如果真的像有些人认为的那样，将书上印有'铜板''仝板''活字铜板'之类的印本，都作为铜活字，对造字和制版不加分析，就难免不出错了。"正德十二年（1517）本《诸葛孔明心书》题："浙江庆元教谕琼台韩袭芳铜板印行"，又称"兹用活套书板翻印"。康熙二十三年（1686）"吹藜阁同板（铜板）"《文苑英华律赋选》，钱陆灿自序"于是稍简汰，而授之活板，以行于世。"铜板又说"用活套书板翻印。"，"同板"又称"授之活板"，似乎均可解释为铜活字板。

与华燧同时的上海人唐锦《龙江梦余录》（弘治十七年刻

本）云："近时大家多镌活字铜印，颇便于用。"明谢启元手写
《杂记》稿本云："近世大家多镌活字铜印，颇便于用。其法盖
起于宋庆历间时布衣毕昇为活板，法用胶泥刻字，火烧令坚，
……其法比铜字则更廉矣。"两人所谓近时大家，当指无锡华氏，
一致说多镌活字铜印，明白说出用铜字来印书很方便，并都说铜
字是手工镌刻的。会通馆有大小两副铜字，小的称"小铜板"，
大的称"大铜板"，若果为锡字，则当称"小锡板"、"大锡板"
了。

（2）安国的铜活字

明代中叶无锡地方出现了不少大地主大商人，除上述华程
外，又有三大富豪，当时的民谣说："安国、邹望、华麟祥，日
日金银用斗量。"三家之中尤以安国（1481—1534）为魁，富几敌
国，称"安百万"，单是在松江府的田就有二万亩。安国字民泰，
居住在无锡胶山，种桂花二里余，因自号"桂坡"。以布衣经商
起家，曾捐款助平倭寇，疏濬白茆海口，修筑常州府城，遇荒年
出银米赈济，有"义士"之称。他喜欢购买古书名画，闻人有奇
书，必重价购买，以至充栋，曾说"积金诲愚，积书诲明。"
"铸活字铜板，印诸秘书，以广其传。"他喜欢旅行，北至天寿山
（今十三陵）、居庸关，西至庐山、武当，历天台、雁荡，至普陀
山而还。著有《游吟小稿》30余首，存家谱中。卒于嘉靖十三
年。

安国造字印书，约始于正德七年（1512）左右。南京吏部尚
书廖纪修有《东光县志》六卷，听说安国家有活字铜板，就托他
代印。正德十六年安氏印好后，就送去。这部正德《东光县志》
可说是我国唯一用铜活字印的方志，早已失传。安氏印书一般多

不记年月，只有《吴中水利通志》标明"嘉靖甲申（1524）安国活字铜板刊行"。虽较晚于华氏诸家，但比欧洲印刷术1539年首次传入新大陆的墨西哥，1563年传入俄国的莫斯科，还是要早些。明嘉靖十年（1531）俞泰跋安刻《初学记》云："经、史、子、集活字印行，以惠后学，二十年来无虑数千卷。"今印本可考者10种，数量仅次于华燧。清初钱谦益《春秋繁露》跋云："金陵本讹舛，得锡山安氏活字本校改数百字。"可知他印的书还是比较认真，因而错误较少。他的出版品用白纸或黄纸，有的印张也是拼接而成，这是明代流行的用纸节约的风气。装订方面用当时盛行的包背装，外皮蓝纸，有印好贴上的书签，这是仿照南宋的旧法。安氏馆印的《鹤山大全集》每页边框外有大字"宙七十二"、"洪七十三"、"独七十四"等千字文编号，因全书一百九卷，印张较多，虽每卷已有页码，为便于折叠装订，因而又用这些字号。这与西洋印本有时有纸上装订用的折叠号码相类似，在我国印本书中十分罕见。

　　清初安璿说："翁（指安国）闲居时，每访古书中少刻本者，悉以铜字翻印，故名知海内。今藏书家往往有胶山安氏刊行者，皆铜字所刷也。"其实安国印书，虽多用铜字，但仍有木刻本，如沈周《石田诗选》（正德）及《左粹类纂》称锡山安国刻于弘仁堂，《颜集》《初学记》既有铜板，又有木板。可惜的是安国死后，全部铜字同其他田地财产一样，也被六个儿子四六瓜分，每人所得的铜字各残缺不全，成为无用的废物，这与《百喻经》所说的两个人平分一件衣服、一个瓶子同样愚蠢可笑。

　　与安国同时的同乡秦榛所撰"安国墓志铭"说"铸活字铜板，印诸秘书，以广其传。"安国的后代安吉说："镌活字铜板印行

《颜鲁公集》、徐坚《初学记》等书。"（两种均天一阁藏）金属才能铸造，所铸造或镌刻的，应是活字的本身，而不是安放活字字印的铜板或铜盘字架。安国造字约在正德年30岁左右，后于会通馆约20多年，不管他是铸是刻，当然是仿华氏制造的。

安国死后，"六家以量分铜字"，安璿明明说所分的是铜字，因为摆字印的铜板框架太少，不便分，只有铜字起码有数万个，才可以分。有人以安氏文中"既称'翁'，又称'公'，称谓不统一，很不严谨。"又说："安氏原稿中有两处将铜板之板字墨笔圈去，旁书字字。"一人写文章，偶有误字，自己随笔改正，本是行文之常，不能因原稿有改过二字，就否定全文。且量分"铜字"两字，根本照旧未改。

现存《吴中水利通志》，标明"嘉靖甲申（1524）安国活字铜板刊行。"则华燧会通馆活字铜板，华坚兰雪堂活字铜板，当然也都是铜活字板了。

（3）常州铜板

无锡近旁的常州也有铜板，称"常州铜板"。常州铜板，只有明嘉靖间藏书家开州人晁瑮宝文堂藏有《杜氏通典纂要》、《艺文类聚》两种，未详出于何家。

（4）苏州铜字印刷

明代又有金兰馆、五云溪馆、五川精舍、吴郡孙凤等各家印书，过去藏书家均作为铜字印本著录。宋范成大《石湖居士集》与明孙贲《西庵集》，每页板心上方均有"弘治癸亥金兰馆刻"八小字，后者有吴郡张习序。五云溪馆印有《玉台新咏》及《襄阳耆旧传》，前者板心上方有"五云溪馆活字"二行。五川精舍活字印行《王岐公宫词》，不知是否出于嘉靖初藏书家常熟杨仪（号五

毕　昇

川）家。清代著名藏书家黄丕烈藏本《小字录》所附明都穆跋，称"吴郡孙凤印《阴何诗》"，而黄氏误以孙氏所印者为《小字录》。以上诸家多在今苏州一带，正如祝允明所说的"近时三吴好事者"。同时上海唐锦《龙江梦余录》云："近时大家多镌活字为铜印，颇便于用，盖起于庆历间时布衣毕昇为活板。"铜字之便利，已为一般人所公认了。

正德年间在长洲还印了《唐五十家诗集》。正德五年舒贞刻《曹集》，田澜序云："舒曰：'往岁过长洲，得徐氏《子建集》百部，行且卖之无余矣。近亦多问此集，贞久无以应之。盖彼活字板，初有数，而今不可得也。'"明松江华亭人何良俊《四友斋丛说》卷二十四云："今徐崦西家印五十家唐诗活字本《李端集》"，知为徐缙所印。

（5）南京张氏铜字印刷

南京张氏未详其名，印本流传者仅有《开元天宝遗事》一种，卷上首页有"建业张氏铜板印行"一行，不记年月，乃覆宋严州本。旧为明代著名艺术家文征明藏书，有玉兰堂印，文氏卒于嘉靖三十八年（1559），年90岁，则此书亦当为弘、正或嘉靖间印本，此书今归北京图书馆。又南京国子监生胡旻有活字，或以为是铜字，正德戊寅（1518）有人借它来印宋林希逸的《三子口义》）。

（6）浙江铜活字

浙江铜板仅知有正德本《诸葛孔明心书》一卷，题"浙江庆元学教谕琼台韩袭芳铜板印行"。书前有韩氏题识，称："兹用活套书板翻印，以与世之志武事者共之，庶亦得乎安不忘危之意云。"末书"正德十二年（1517）丁丑夏四月之吉，琼台韩袭芳题

于浙东书舍。"可知韩氏铜板是活字板，并且印于浙东。韩袭芳字世远，海南岛文昌县人，故称琼台，由岁贡出身，弘治十五年（1502）任江西宁都训导，后改庆元教谕。庆元县旧属浙江处州府，介在浙、闽二省之交，地颇偏僻，而居然也有铜板。《庆元县志》与《处州府志》连韩袭芳的名字都不载，自然更谈不上他印书了。

（7）福建芝城（建宁）铜板

现存的明代铜活字本中，以芝城铜板《墨子》十五卷最为藏书家所艳称，先后为清代黄氏士礼居、杨氏海源阁所收藏。白纸，蓝印二册。卷八末页中间有"嘉靖三十一年（1552）岁次壬子季夏之吉，芝城铜板活字"一行。卷十五末中间有"嘉靖壬子岁夷则月中元乙未之吉，芝城铜板活字"字样。自六月至中元，只有一个半月，即已印成。

过去对于芝城两字有许多不正确的解释。叶氏《书林清话》疑明唐藩庄王芝址的兄弟。明代确有唐藩恭简王朱芝城其人，不过他于正统九年（1444）袭封，成化十一年（1475）死去，自然不可能到嘉靖年间还会印书。清邵懿辰《四库简明目录标注》以为江右芝城，属于江西之地名。《中国版刻图录》以为是地名，但没有说出属于何处，又或以为大概是苏南一带的出品。吴光清作唐藩芝城馆，以为是斋馆的名称。郑振铎先生说蓝印活字本《墨子》最为显赫，却不知为何地所印。芝城究竟是人名、地名、斋名，异说纷纭，始终是一个谜。案康熙《建宁府志》府城南有紫芝山，因古代产紫芝得名，又作芝山。但芝山并不能证明即为芝城，何况江苏溧水、江西鄱阳、山东莱阳均有芝山，到底是哪一个芝山呢？根据清光绪间燕山刘世英所记建宁府城的民风土俗、

城垣衙署、交易物产的稿本，这是一部未完成的建宁府志稿。书中所记芝城八景如白鹤叠翠、黄华夕照、梨山积雪等，都是建宁府城的风景，并绘有建郡七属图、建宁府城图，刘氏予其书曰《芝城纪略》。可知芝城由芝山得名，确为建宁府城之别名，也就是现在福建的建瓯县。因此芝城铜板，实际上就是建宁府城的铜活字板。后来看到明版《墨子》有堂策槛主人识语凡例云："购求四方，得江右芝城铜板活字缮本。"不称铜板活字本，而作铜板活字缮本，似为据铜板活字抄缮的写本，而非铜字原本。又江右芝城疑为福建芝城之误，否则为什么《墨子》的活字，与芝城建邑《通书》字体完全相同呢？

芝城铜板又印有《通书类聚尅择大全》，书中记载婚丧嫁娶，入学求师，上官赴任，洗头沐浴，甚至妇女穿耳，都要挑选日子。现在看起来迷信可笑，而当时男女老幼为了趋吉避凶，却是日用不可缺的手册。书题"芝城近轩姚奎纂辑，建邑蒲涧王以宁校刊。"天启《新刻京本按鉴考订通俗演义全像三国志传》，为闽芝城潭邑黄正甫刊。所谓潭邑，即潭阳之简称，也就是建阳之别称，芝城建邑，或芝城潭邑连称，更可证明芝城为建宁了。这部《通书类聚尅择大全》的字体与《墨子》相同，而多小字与少数阴文字，四周单边，双鱼尾，与《墨子》同一类型。在卷十六末页中间有："嘉靖龙飞辛亥春正月谷旦芝城铜板活字印行"一行，比《墨子》早一年。这一年（1551）正是英国爱尔兰开始印书的一年。

建宁府附郭之建安县，与所属之建阳县，尤其是建阳之麻沙崇化，书坊林立，自宋以来雕版书籍成为建宁府的特产，畅销四方。嘉靖年间的书商更制造铜活字印书，从此这个出版中心不但

雕刻木版，更使用金属活字，这在建本历史上是一个创举。

(8) 建阳游氏、饶氏铜板

建宁除府城有铜板外，其属邑建阳县也有铜板，建阳铜板可考的有游榕制品。明万历元年（1573）印吴江徐师曾所著《文体明辨》，题"建阳游榕活板印行"，或"闽建阳游榕制活板印行"，书一出版，一时争购，至令楮贵。何以见得游榕所制活板不是木字，而是铜字呢?这可从第二年（1574）印本《太平御览》得到证明。因为这两部书的大字与小注小字，字体一模一样，四周单边，排印格式、纸墨等也多相同。而《御览》板心下方，往往有"宋板校正，闽游氏仝板活字印一百余部"，目录卷五有"宋板校正，福建游氏梓制活板，排印一百余部"大字两行。所谓"仝板"即铜板之简写，有些地方又作"饶氏仝板"，"宋板校正，饶氏仝板活字印行壹百余部"。这一副铜板盖为游榕所制，后为游、饶两氏合伙所有，因而在同一书内或称游氏仝板，或称饶氏仝板。所谓饶氏即福建书商饶世仁。常熟周堂从闽贾饶世仁购得半部宋板《御览》，又借无锡顾氏、秦氏所藏的半部，合成全书作为底本，印好一百余部，与顾、秦二家分而有之。这部一千卷一百十八册的大书，虽然一再标明用宋板校正，而校对马虎，脱误错字不少，字体歪斜，又有个别字横排的，排版技术又不高明。《御览》又有"闽中饶世仁游廷桂整摆，锡山赵秉义、刘冠印行"刊语两行（在周堂序文末）。这是一部福建排字工和无锡印刷工双方合作的出品。奇怪的是这两部书不在建阳印，而在江浙印，可见他们的工作流动性很大。这与德国初期的一部分流动印工四散到欧洲各国印书的情况相似，也开后世谱匠挑着活字担，走游江浙乡间，为人排印家谱的先声。

（9）广州活字

明代广州活字，仅见于外国人记载。据说有外国人在广州见到有活板印刷工人，印刷关于历史与典礼之书籍，与西方人所用的方法相同。1521年前葡萄牙国王将该印本进呈教皇。既然说与16世纪初欧洲的方法相同，当然指金属活字而言，疑为铜字，但印本书名不详。

约1550年，有一位到过中国贩卖大黄的波斯商人同人说："他们（指中国人）有印刷术，他们的书是印成的。"当他在意大利参观一印刷所看到锡活字与螺丝压印机印书时说，照他看来，同中国的很相像。这位商人在中国似乎看到过锡活字印书，所以他才能说出这样的话。

过了10年，有一位曾经到过中国的土耳其游客说："他们（中国人）用印刷术已有好多世纪了。"并说，他在那儿看到用活字印书，足可证明此事。为此中国人用蚕的茧壳做成纸（指棉纸），薄得用活字只能一面印字，反面则留空白。波斯商人、土耳其游客都见到中国人用活字印书，不过他们两人都没有说明在何处见到，可能也指广州。土耳其人所说在16世纪前，中国已有好多世纪用印刷术，并说中国纸薄，只能印一面，也是正确的。

明《内阁书目》载《铜板经》一册，全，抄本，一名《列宿演义》。疑为铜活字，未详出于何处、何家，书亦未传。

总计明代铜活字本可考者约有61种，以无锡华家为最多，安家次之，建宁、常州又次之。其中如《百川学海》《艺文类聚》、《太平御览》《纪纂渊海》《锦绣万花谷》《宋诸臣奏议》，又唐人诗集约50家（作一种计），均为大书。清黄丕烈跋铜活字《墨子》云："古书自宋、元板刻而下，其最可信者莫如铜板活字，

盖所据皆旧本，刻亦在先也。"明铜活字本为清代以来藏书家所钟爱，今多在北京图书馆。

明代活字排印工除上述福建饶世仁、游廷桂、无锡赵秉义、刘冠四人外，可考者有邹旻、时明、王奎、芦宽、广、员（或作圆）、魁、庆倪等，皆为华氏兰雪堂印工。又有张矣、张嵩、陆细、李太（或作印人太）、王鼎、王顶、王槐、许宁、永宁、赵等10人，均为安氏馆印工。这些排印工大致为无锡一带本地人，至于他们的生活情况，则更不可考了。

（10）常州的铅活字

现代印刷所用的铅字，许多人认为是19世纪中叶以后，由西洋教士传到中国来的，这种说法并不符合事实。我国自制的铅活字最早见于明弘治末至正德初年（1505—1508）。陆深《金台纪闻》云："近日毗陵人用铜、铅为活字，视板印尤巧便，而布置间讹谬尤易。"因此他表示反对，这简直是因噎废食了。明代常州人不但用铜板，还创造出了铅字，这在制造金属活字方面有卓越的成就。可惜当时常州的铅印本与铜印本一样，都没有传下来。金简在《武英殿聚珍版程式》中所写的介绍中说："陆深《金台纪闻》所云铅字之法，则质柔易损，更为费日损工矣。"这道出了铅活字的缺点。

（五）清代活字印刷

1. 瓷活字、泥活字

（1）泰山徐志定的瓷板书

明朝有少数文人用的图章，有瓷印或宜兴紫砂印。海瑞用火烧过的黄泥印，文曰"掌风化之官"，但未闻用陶印或瓷印来印

书。清代除沿用毕昇泥字，又创用瓷字印书。

清会稽金埴（1663—1740）《巾箱说》云："康熙五十六七年间，泰安州有士人，忘其姓名，能锻泥成字，为活字版。予初闻之，矜为创造之奇，而不知其有本也。及检宋沈存中括《笔谈》云：庆历中，有毕昇为活字版，用胶泥烧成。乃知巧心妙手，在前人蚤已为之。按昇即活字版之始。得书之易，洵艺林乐事也。埴特表而出之。"金氏所说的泰安士人，大概指的是徐志定。徐志定，字静夫，山东泰安人，雍正元年（1723）举人，做过知县。他在康熙末年创用磁刊，印成他的同乡张尔岐的《周易说略》与《蒿庵闲话》两书。前者封面上横书"泰山磁板"四字，后者书末有"真合斋磁板"五字，所谓真合斋，就是徐氏的书斋。两书字体大小不匀，而两书相同之字大的都大，小的都小，却相吻合，墨色浓淡不匀，直行行线儿成弧形，字印就随之歪斜，四周边栏有大缺口，参以金埴之言，均可证明其为活字。不过有的人认为是整块瓷板，其最大理由因为《周易说略》内发现断裂处，断板裂板只是板刻中的现象。其实活字板中并非没有这种断裂痕，如乾隆末年活字本《京畿金石考》是木活字，所以会发生断裂，若是磁字就不会断裂。磁字虽不受湿燥寒暑影响，而质硬性脆，容易破碎。排版时如把已破碎的磁字，仍然排上，印出时自然也就有断裂纹。至于说徐氏在书上只提到磁刊或磁板，并没有说是磁活字或排字，因而表示怀疑。我国印书以雕版为主，有许多活字本的序跋上，仍称"付梓"、"寿梓"，铜活字板常被简称为铜板。徐氏简称磁活字板为磁板或磁刊，自然也不足为奇。正因为是瓷活字，因而康熙五十七年（1718）冬偶创磁刊，第二年（1719）春天即能印成《周易说略》八册。同时山东人翟某在江西景德镇召集窑户造青瓷《易经》一部，楷法精妙，如西安石刻《十三经》式，凡数易然后成，可能是把文字写在磁板上，加釉烧制而成。若要在瓷板上雕出凸起的反文来印书，既不经济，技术上又更困难，不知比雕木板要费工几倍，不可能只在几个月内就能成书。又《周易说略》卷六未济卦"上九象曰饮酒濡首，不不知节也。"有两个不字，义不可通，当为排字工把亦不知节也的"亦"字排成"不"，多排了一个"不"字，更可作为活字的证明。根据以上的理由，我们相信徐氏真合斋磁板是瓷活字板。

徐氏称为瓷板，顾名思义是泥字上过釉的，瓷不易入墨，而现存的明、清磁印，在刻文字的一面，质地较粗，因而朱、墨两色均可钤盖，徐氏的瓷字可能与磁印相似。由泥字而至上釉的瓷字，坚致胜木，质量提高，是一大进步。瓷活字是我国独创的活字，印本流传很少。

(2) 新昌吕抚的活字泥板印书

清新昌秀才吕抚（1671—?）于乾隆元年（1736）用自造泥字，印成自著的《精订纲鉴二十一史通俗衍义》二十六卷（天津图书馆藏）。以作家而兼印工，在我国印刷史上比较少见，而吕抚比翟金生、梁阿发更早。

吕抚在此书卷二十五，详细介绍了印刷方法：

"抚因思一法，以秫米粉和水捻成团，如梅子大，入滚汤内煮令极熟。去汤，用小木槌练成薄糊，待牵丝不断，以大梳梳弹过新熟棉花和匀，乃和漂过燥泥粉，放厚泥板上，用斧杵千百下，宁硬无软。"

吕氏的7000个泥字，不仅用漂过的泥粉（即澄浆泥），又搀入煮得极熟的糯高粱米（秫米），与新棉花和匀，练成薄糊状，以

增强泥土之粘固力，与后来翟金生完全用泥土不同。他把练成的泥土"借他人刻就印版挤印，造成字母（单字），如图书（即图章）状"，以省去书写雕刻的手续。又"阴干待燥"，照明梅膺祚《字汇》分行分格排定，似未经入火烧炼。"字母面写本字，以便寻印，背写行格码子，以便退还"。这与清代常州木活字一头刻字，底面又写字，以便检字、归字相同。

印刷时"先用熟桐油练漂过，宁燥毋湿，待极粘腻，屈丝不断，将油泥打成薄薄方片，用飞丹刷格板，乃用木板刷薄油一层，以泥片切齐铺板上，先做外方线撮字母，依书样用尺用线，照格逐字印之，其字母有高者，用砖略磨平之。印以平直为主，每印一行，用刻字小刀割清一行，若有歪斜，用字母套移端正，再用平头小竹针，于空处筑实。……价甚廉，而工甚省。因与儿维垣、维城、维基，侄维藩、维封、维荣，及亲邻俞说再等姑试为之，坚于梨枣"。又云："大抵一人撮，二人印，每日可得四页。率昆弟友生为之，不用梓人，虽千篇数月立就。士人得书之易，无以加于此矣！"

吕氏经过与其子侄等试验，认为泥字"坚于梨枣"，因未经写刻与火烧，故价甚廉，而工甚省，为最方便简易之印书法。不知他除《二十一史衍义》外，尚印有何书。

吕抚的泥字，先用泥压在雕版上做成阴文字模，用字模印在泥片上，成为阳文，用以印刷。因此以整板的可能性为大，兼有活字和雕版的特征。19世纪，西方人曾使用木雕板，用以浇铸铅板，再锯开，成为单个阴文字模，然后用阴文字模再用来制造阳文活字，与吕抚也使用阴文字母的方法类似。道光年间，翟金生所用泥活字印书法，也有阴文字模，但它是用来制造阳文活字，

再加以排印，与吕抚的方法不太相同。

(3) 李瑶的泥活字印书

清道光十年（1830）苏州人李瑶曾为吴门幕友，又任职盐务，寓居杭州时，借钱印书，罄我行装，投之质库，乞贷市侩，耐尽诽嘲，雇工十余人，竭知尽力，在240多天内，印成《南疆绎史勘本》五十八卷，80部。封面背后有"七宝转轮藏定本，仿宋胶泥板印法"篆文两行，李氏自称为"七宝转轮藏主"。凡例中有"是书从毕昇活字例，排版造成"之语。次年有人出钱，又排版100部。日人德富猪一郎称它为"中国胶泥板的标本"。过了两年，李氏仍寓杭州，印成自己所编辑的《校补金石例四种》十七卷，有"实兑纹银四两"木戳，亦称"仿宋胶泥板"。自序说："即以自治胶泥板，统作平字捭之（捭与摆通）。"但有的目录上仍以为吴郡李氏木活字排印。案道光木活字本阮锺瑗《修凝斋集》称："权用毕昇活字板印若干部。"又阮氏印曹镳的《淮城信今录》亦称："顷用毕昇活字板，权印百部。"盖就广义言，则一切活字板都可说是毕昇活字板，若就狭义言，则专指毕昇的泥活字。李氏既自称为"仿宋胶泥板"及"自治胶泥板"，又说摆印，那自然是泥活字，而不是木活字。至于如何仿毕昇法，他并没有说起。

清乾隆间嘉兴人盛复初任泾县云龙书院山长时，曾用黄泥刻字，草火烧炼，于秋夜邀集朋友，分赋秋虫诗，每人各取泥字数千个，于诗盘上排列成诗，以代纸笔，作为文字游戏，与印书无关。

(4) 翟金生的泥斗板

泾县用泥字印书的，首推与李瑶几乎同时的翟金生。翟金生

字西园，是安徽泾县西南 80 里水东村的一个穷秀才，靠舌耕（教书）为生，曾游江西鄱阳湖，有《豫章竹枝词》，登天台山。他能做诗、写字与绘画，有相当的艺术才能。他感觉到一般人的著作，因为雕版费用太大，无力刊行，往往被埋没，深为可惜。读了沈氏《梦溪笔谈》所记的泥板，很感兴趣，就不顾"家徒壁立室悬磬"的生活困难，设法仿造，把一生精力都消耗在这上面，他的毅力是很可取的。旧社会不重视科学，凡从事科学研究或技术创造的人，往往被笑为玩物丧志，不务正业，所以翟氏认为自己的工作，也只不过是"雕虫小技，博儒林佳话"而已。翟氏亲手制造的泥字共有 10 万多个，均为明体字（俗称宋字），约分大、中、小、次小、最小五号。

据《泥版试印初编》自序云："调泥埏埴，磨刮成章，制字甄陶，坚贞拟石。"翟氏又说："抟土爇炉，煎铜削木"，其所著"十韵"诗云："卅载营泥板，零星十万余；坚贞同骨角，……直以铜为范，无将笔作锄。……"好像是先做泥字，入炉烧炼，再加修整，摆在铜范内印刷。"煎铜"可能是熔化铜范内的蜡，以固定泥活字；"削木"的目的可能是作界行用。可惜他没有把制造方法与整套工序详细记录下来。据张秉伦先生研究，北京中国科学院自然科学史研究所从安徽买到的翟氏泥活字，阳文反体字可作印刷之用，又有阴文正体泥方字，认为是字模，不能直接排印，而字模可能是从现成的阳文反体上压印而得。又发现五对阴阳文正反体字，完全可以配对，可知他先做成阴文泥字模，再以字模制出阳文反体泥活字，确有坚贞同骨角之感，印刷后字划仍清楚，又有相当数量的白丁，作填空用。因为制造相当复杂，又需一定的费用，所以竭 30 年辛勤不倦的劳动，才能完成。到道光

二十四年甲辰（1844）试印自己写作的诗集时，他已是古稀之年了。书上注明自造泥字，其子翟一棠、一杰、一新、发曾等同造泥字，孙子翟家祥、内侄查夏生检字（排字），学生左宽等校字，外孙查光鼎等归字。用白连史纸自己印刷，字划精匀，纸墨清楚。若书上不说明是泥字，很容易误认为木活字印本。他为纪念这次试印成功，因此即名其诗集为《泥版试印初编》或简称《试印编》（半页8行，行18字）。还做了五首绝句，题目有自刊、自检、自著、自编、自印，今录三首于下。

自刊：一生筹活板，半世作雕虫，珠玉千箱积，经营卅载功。

自检：不待文成就，先将字备齐，正如兵养足，用武一时提。

自印：雁阵行行列，蝉联字字安，新编聊小试，一任大家看。

以作家而兼印工，在中国印刷史上是比较罕见的。翟氏自称为"泥斗板"，亦名"澄泥板"，又叫"泥聚珍板"。泥字并非如一般所想象的触手即碎，澄浆细泥经过烧炼后，硬得同石头骨角一样。并且它比木字还有一个优点，据包世臣所作的《试印编序》云："木字印二百部，字划就胀大模糊，终不若泥版之千万印而不失真也。"

《试印编》出版后两年，翟氏用自制泥字排印《牡丹唱和诗》，一时和者甚众，已汇成集。又过两年，翟金生又印成他的朋友黄爵滋的诗集《仙屏书屋初集》。黄氏路过泾县时，翟氏愿意用泥字排印他的诗集，不久黄氏就把诗集底本寄去，于道光丁未（1847）九月付工，第二年（1848）五月翟家就把印好的400部书送往黄家。诗集封面上有"泾翟西园泥字排印"两行小字。总目后泥印排检名单中，除翟金生本人外，有其家属翟廷珍、一熙、家祥、文彪、一蒸、承泽、朝冠等七人。这部诗集所用泥字

较小，称"小泥字"，诗中小注字体更小，共五册。虽经两次校正，把误字排印在集前，但校勘不精，错误还是不少。泥印本很快被作者分完。己酉（1849）之秋，黄氏由浙入京，路过苏州，又把它刻成木板。并说："览者自当以今刻为定。"因此《仙屏书屋初集》同时有两个版本：一为小泥字本；一为大字木刻本，内容几乎相同。

黄爵滋字树斋，江西宜黄人，道光三年（1823）进士。他看到当时鸦片烟流毒之深，影响国家经济命脉，切齿痛心，早在道光十五年（1835）就指出"以无用有害之物毒中国之人，而又竭中国之财，夷计之狡，莫甚于此。"1838 年，他又上有名的《严塞漏卮疏》。他的意见代表当时广大人民的要求，得到林则徐大力的支持，并对于当时政府的禁烟政策起了很大的作用。接着，林则徐就以钦差大臣名义赴广东查办。黄氏少年时代即以诗名，在北京做官时，提倡诗学，奖励后进，所著诗凡三十四卷，《仙屏书屋初集》所收者十八卷，其中作品就多至 1000 余首。

就在翟氏印好黄氏诗集的同年冬天，翟金生的族弟翟廷珍又借其兄的泥字，印成其所著《修业堂初集肆雅诗钞》四卷，三册。有黄爵滋序。书中注明泥印镌造男一杰、一新，泥印检排人多名。书中有"题兄西园泥活字板"长诗一首，称："朝思检校罗生徒，暮有成篇不模糊。"说明泥板出书很快。据廷珍自序，又续印其所著《通俗诗钞》。

咸丰七年翟金生已是 83 岁，叫孙子翟家祥用泥字摆印《水东翟氏宗谱》。翟金生初次试印的有自著各体诗文及联语二册，今存《试印编》有诗无文，亦无联语，仅为 64 页一小册，郑振铎先生曾以廉价 4 元得之。其后北京市场上又出现《翟氏宗谱》。以上两

种与黄氏诗集,今均归北京图书馆收藏。《肆雅诗钞》为吉林师范大学买到。北京大学图书馆藏有翟金生《泥版试印续编》十二卷,道光二十八年泥活字印,共 123 页,版心上方有"泥字摆成"四字,上册为诗,下册为诗余、铭、杂著、联语,实为《初编》的增订本,字体较小。

约 10 多年前,皖南又发现泥活字数千个,中国历史博物馆、中国科学院自然科学史研究所各购得若干,为泾县翟氏的泥字。现在既有泥字印本书,又有泥字实物,可以否定过去少数中外学者泥字不能印书的主观错误想法,更证明沈氏《笔谈》所记真实可信。

2. 木活字

（1）武英殿聚珍版

清代木活字更被广泛使用,流行几遍各省。清初方以智《通雅》、王士祯《居易录》都提到木活字铜板印刷。吴江袁栋云:"印版之盛,莫盛于今矣。吾苏特工,其江宁本多不甚工。世有用活字板者,宋毕昇为活字板,用胶泥烧成。今用木刻字,设一格于桌,取活字配定,印出,则搅和之,复配他页。大略生字少刻,而熟字多刻,以便配用。"山阳阮葵生云:"沈存中云:'庆历中有毕昇为活字板,用胶泥烧成。'今用木刻字令印之。"阳湖赵翼云:"今世刻工有活板法,亦起于宋时。但宋时犹用泥刻字,今则用木刻,尤为适用耳。"以上五位作家述及木活字板时,无不提到毕昇,可知木活字是由毕昇的泥活字一脉相传下来的,并可以看出清初至乾隆年间活字板在南北各地流行。

乾隆时济南周永年倡议用活字印《儒藏》。所谓《儒藏》也者,明季曹学佺有感于公私藏书,历代遭受浩劫,造成文化上的

莫大损失，而释、道两家之书，藏之有法，历久不替，故欲仿《释藏》、《道藏》而创立《儒藏》。周氏更扩大其说，欲使《儒藏》起现代图书馆与出版机构的作用，并供给贫寒阅览者以饮食与薪水。国内学宫书院，名山古刹，凡有《儒藏》的地方，都预备活板一副，刷印秘籍，互通有无，如此数十年，书籍渐次流通，可以由少变多。曹、周两氏保存文化遗产，化私为公的动机，虽然很好，而在封建社会，这种幻想，当然不容易实现。而周氏拟用活字板来增产书籍，互通有无，是首先主张大规模采用活字印刷的人。

乾隆帝修《四库全书》，固然别有用心，而把修好的七部《四库全书》先后分藏南北七阁，南三阁之书，并许公开阅览，似近于曹、周两氏所说的《儒藏》。修书时乾隆想把从《永乐大典》内辑出来的佚书，刊印流传。而原先藏在武英殿铜字库内的铜字、铜盘，已被改铸为铜钱，因有"毁铜昔悔彼，刊木此惭予"的诗句。自注云："且使铜字尚存，则今之印书不更事半功倍乎?深为惜之。"而这次要印的书数量多，雕版非易。当时管理武英殿刻书事务，原籍朝鲜的金简（?—1794）建议，最好用枣木活字来排印，不但可以提前出书，并可以大量节省工料费用。他把刻木板与木活字仔细对比，举出一个生动的例子，说雕十五万个大小枣木字及木槽板、添空木子箱格等，共需银一千四百余两。而刻一部司马迁《史记》，须写刻字一百十八万九千零，需梨木板二千六百七十五块，合计工料银也要一千四百五十余两。而有了一付枣木活字板后，一劳永逸，各种书籍都可任意排印，何等方便，而后者印出来的，只是一部《史记》而已。他用这种算细账的方法，说服了乾隆。乾隆看了他的奏折，马上批了"甚好，照此办理。"又

叫他添备十万余字。次年（乾隆三十九年，1774）五月，共刻成大小枣木字二十五万三千五百个，实用银一千七百四十九两一钱五分，连同备用枣木子、摆字楠木槽板、夹条、检字归类用松木盘、套板格子、字柜、板箱、板凳等，统共实用银二千三百三十九两七钱五分。用这套新造的活板工具，先后共印成《武英殿聚珍版丛书》一百三十四种，二千三百八十九卷。每半页九行，行二十一字，每首页首行下有"武英殿聚珍版"六字。清龚显曾说："可谓极艺苑之大成矣！"所收除极少数古代及金、元著作外，大部分为宋人文集、史地、医书等佚书，富有学术价值。每种用连四纸（或作连史纸）与竹纸印刷，前者约五部至二十部，专备宫中等处陈设，后者约三百部左右，定价通行。因此今日所看到的几乎均为黄色竹纸本。每种书前均冠有乾隆御制《题武英殿聚珍版十韵诗》一首。乾隆御制题武英殿聚珍版十韵有序：

"校辑《永乐大典》内之散简零编，并蒐访天下遗籍，不下万余种，汇为《四库全书》。择人所罕觏，有裨世道人心，及足资考镜者，剞劂流传，嘉惠来学。第种类繁多，则付雕非易，董武英殿事金简，以活字法为请，既不滥废梨枣，又不久淹岁月，用力省，而程功速，至简且捷。考昔沈括《笔谈》：宋庆历中有毕昇为活版，以胶泥烧成。而陆深《金台纪闻》则云：毗陵人初用铅字，视板印尤巧便。斯皆活板之权舆。顾埏泥体粗，熔铅质软，俱不及锓木之工致。兹刻单字计二十五万余，虽数十百种之书，悉可取给，而校雠之精，今更有胜于古所云者。第活字之名不雅驯，因以聚珍名之，而系以诗：

"稽古搜四库，于今突五车，开镌思寿世，积板或充闾。张贴唐院集，周文梁代馀，因为制活字，用以印全书。精越鹯冠体，

（昨岁江南所进之书，有《鹖冠子》，即活字板，第字体不工，且多讹谬耳。）富过邺架储，机园省雕氏，功倍谢钞胥。联腋事堪例，埏泥法似疏，毁铜昔悔彼，（康熙年间编纂《古今图书集成》，刻铜字为活板，排印藏功，贮之武英殿。历年既久，铜字或被窃缺少，司事者惧干咎，适值乾隆初年京师钱贵，遂请毁铜字供铸，从之。所得有限，而所耗甚多，已为非计，且使铜字尚存，则今之印书，不更事半功倍乎？深为惜之。）刊木此惭余。既复羡梨枣，还教慎鲁鱼，成编示来学，嘉惠志符初。

乾隆甲午仲夏（卅九年，1774）"

乾隆四十二年丁酉（1777）把这部丛书颁发到东南五省，并准所在翻板通行，而江、浙、闽、赣、粤五省官书局先后翻刻的仍为雕本，并非活字本，因而有的封面题"乾隆丁酉九月颁发，奉敕重锓"字样。乾隆末、嘉庆间又排印了周煌《续琉球国志略》、《乾隆八旬万寿盛典》、《吏部则例》等八种，行字与《聚珍版丛书》本不同，世称为聚珍版单行本。

武英殿聚珍版是清代内府所造的木活字，规模比较大，它是在元王祯的方法基础上加以发展与改进的。如王氏先在一整块板上雕字，用细锯锯开。而这次则先做一个个独立的木子，把字样贴于木子上刻字。王氏削竹片为界行。而这次则先用梨木按书籍式样，每幅刻18行格线名套板，印刷时先印框栏格子，再印文字于套格内，因此每页四周边栏接口处，不像一般活字本留有缺口。王氏用小竹片来垫板。这次则改用纸折条。王氏用转轮排字盘，以字就人。而这次则改用字柜，按照《康熙字典》分子、丑、寅、卯十二支名，排列12个大字柜，每柜做抽屉200个，每屉分大小八格，每格贮大小字各四，俱标写某部某字及画数，则知在于何

屈，如法熟习，举手不爽。摆字的需要某字时，向管字人喊取，管字人听声就给他，当时认为"如此检查便易，安摆迅速"。大概摆大字书，每人一日可排二板，小字只排一板。又恐同时摆书，某一类字重复出现太多，字数不敷应用，则创为按日轮转之法，暂排别书，等木字归类后，继续排原书。印刷时如遇大热天，木子渗墨膨胀，即略为停手，将板盘风晾片刻，再为刷印。金简把办理这次印书经验写成总结，从造木子、刻字、字柜、槽板、夹条、顶木、中心木、类盘、套格、摆书垫板、校对印刷、归类，逐日轮转办法，分别条款，一一绘图说明。就用这套聚珍版木字摆印，名《钦定武英殿聚珍版程式》。比王祯的《造活字印书法》更为详明具体，是我国活字印刷史上的重要文献，先后已被译成德文、英文、日文。

武英殿聚珍版顾名思义，应在北京故宫西华门内的武英殿，而《钦定日下旧闻考》卷七十一云："乾隆三十八年春创制活字板，赐名聚珍，置局西华门外北长街路东，排印各书，事亦隶焉。"这部官书所记，自属可信。武英殿聚珍版为木字，《程式》所载已如上述，极为清楚，其他如清姚元之《竹叶亭杂记》等书所记，亦多相同。惟吴振棫《养吉斋余录》以为"乾隆铸铜为字，名为聚珍版"，而乾隆根本没有铸造铜字，当然是个错误。这大批珍贵的木字久贮武英殿内，未能充分利用。后来竟被值班的卫兵们拿来烤火取暖，早已荡然无存了。

自从《钦定武英殿聚珍版程式》（乾隆四十一年）介绍了简单易行的印书方法后，各地官衙私家纷纷仿效，所谓"上有好之，下必甚焉"。地方衙门如江宁藩署、吴门节署、陈州郡署、四川提署、黔南抚署、汀州官署、宁化县署等，均曾用活字印书。同、

光间在各省先后设立官书局，刊刻经史。有人以为全部是刻板，其实也不乏活字。如金陵书局同治间排印《两汉刊误补遗》、《三国志注》、《史姓韵编》、《吾学录初编》等。光绪间江南书局印《周易折中》。江西官书局印《毛诗补笺》。又常州的曲水书局实际上就是安徽的官书局，同治间排印皖人汪烜所著的经学著作。

清代书院与明代书院一样，有的也用活字印书。乾隆末安徽婺源（今属江西）的紫阳书院印山长周鸿所著的《婺源山水游记》。光绪间湖北的两湖书院印《金正希年谱》。又清末的学校如江苏高等学堂、存古学堂、江西抚郡学堂，也都用木字印书。然而尚未发现各地寺庙印经有采用活字的，这与日本的寺院大量用木活字印书不同。

清代私家木活字更为盛行，士大夫为了扬名显亲，与表彰先贤起见，往往自制活字，或借用或购买活字，来刊印自己与祖先的著作或当地的文献。嘉庆间成都龙万育节约俸银，制造活字，当工匠完工时，他高兴地写了一篇骈体文《仿刊聚珍版恭记》，说到"校雠依退食之余闲，镂锲损易农之清俸，从此西川人士，恍为琅嬛福地之游，上而东璧图书，冀效河海细流之助。"他自己又说，育曾于嘉庆十四年（1809）排印顾炎武《天下郡国利病书》，过了一年，得书120部。道光十年（1830）归里之暇，因前印之本早完，又无力雕版，又排印了一次。封面有椭圆形"敷文阁聚珍板"印。嘉庆十六年（1811）他又成清朝地理学家顾祖禹的名著《读史方舆纪要》，每页板心有"敷文阁"三字。后来他的活字归蜀南桐华书屋薛氏，字多残缺漫漶，薛氏又加以修补。同、光间晋江柯辂尝自制活字板一付，印其自著诸书，又凡有异书悉为刷印。子孙凋零，竟把它当做燃料烧掉。龚显曾说："吾郡（泉

州）刻工粗拙，子板更甚。"龚氏自己造了一付，印其乡贤著述，名《亦园子板书》，十四册。又晋江黄氏梅石山房，与闽人林某均有聚珍木板，字乃今体。长乐陈庚焕恐自著的《惕园初稿》久而散缺，爰假聚珍版以寿世。可知福建私人的木字不在少数。汉阳叶氏借胡氏排版印叶名澧的《敦夙好斋诗续编》，半月即竣工。著名藏书家张金吾从无锡得到 10 万多个活字，排印自著的《爱日精庐藏书志》，又印行宋李焘的史学巨著《续资治通鉴长编》五百二十卷，费 16 个月，印成 120 册。目录前有大牌子说"嘉庆己卯（1819）仲夏海虞张氏爱日精庐印行"，字体划一整齐。清初岭南寿经堂活字印宋陈亮《陈同甫集》。据外国人梅辉立（W. F. Mayers，1831—1878）的记载，太平天国后，广东有某知县出资不到 1000 元，刻成精美的木活字 36 万个，字体大小与理雅各译印的经书一样，预备翻印经书。他的木活字比武英殿的枣木字尚多 11 万，比朝鲜的黄杨木字也多 4 万，创我国木活字数量上之新纪录。不过他的印本，连他自己的姓名，都不可考了。六安晁氏所印大丛书《学海类编》，多为罕见之书，较有学术价值。

还有营业性的书坊，不少采用木字印书，如北京的龙威阁、善成堂、荣锦书坊、聚珍斋等，琉璃半松居士等都排印书籍。其中以隆福寺街东口路南聚珍堂最为有名。该铺为同治中内务府旗人张姓所开，张氏有旧书数屋，充书肆装架之货，复用工人刻木字若干，以为活字之用，原拟遍印不经见之书，后来大印通俗小说。在光绪五年（1879）梓行的《艺菊新编》目录后，附聚珍版书目 12 种。七年（1881）摆印的《极乐世界传奇》第八册末附有聚珍板书目《红楼梦》等 16 种。每种下注明套数或本数，却无定价，这是我国早期刊登的活字本广告。二十一年（1895）聚珍堂

失火，木子皆付之一炬。清末北京刻书铺文楷斋除雕版外，也有木字。南方苏州书坊翻印日本人编的《佚存丛书》，苏州文学山房清末民初用仿宋木字出版了不少书。常昭排印局印《通鉴论》，桐城吴大有堂书局印巾箱本《刘海峰文集》，汀州东壁轩活字印书局印黎士弘的《讬素斋集》及《仁恕堂笔记》。所谓聚珍堂、排印局、活字印书局，已成为名副其实的活字排印书坊，而在书商招牌中正式出现了。还有苏州名士王韬旅居上海时，曾用木质活字创设韬园书局。打算排印自己的全部著作 30 余种，一面印书，一面卖书，有的书虽然印出来，却销不出去，造成资金周转不灵，只好关门大吉。

此外不易区分为私家或书坊出版的，有嘉兴王氏信芳阁，宁波文则楼，常州谢氏瑞云堂、汇珍楼，无锡艺文斋，梁溪文苑阁，苏州徐氏灵芬阁、芑莘山房，南京倦游阁、宜春阁，山东雅鉴斋，岭南寿经堂等。总之，清代直隶（今河北省）、山东、河南、江苏、浙江、安徽、江西、湖北、湖南、四川、福建、广东、陕西、甘肃等 14 省，已各有活字印本了。

（2）木活字家谱

我国古代重视门阀，因而谱牒之学十分兴盛，而隋、唐及其以前的谱牒尽皆亡佚。家谱在元、明又兴起，清代大盛行，以各种名称出现，有宗谱、族谱、家谱、家乘、大宗谱、小宗谱、世谱、瓜帙谱等名。至于统谱、通谱、合谱、全谱、大同谱，往往合同姓数族为一编。近谱、支谱、房谱，范围较小，指一房一派而言。最通行者为家谱与宗谱两名，多用木活字印。家谱是封建时代的产物，内容无非是记载一姓的世系渊源，一个家族的祖训、家法、族规，祠堂或义庄的规则，世系图像、传记、寿序赠言，

每人的生卒年月，坟墓茔产，祭仪祭品，或附刊祖先的著作与诗文。这些一家一姓的文献，看来似乎是无用的糟粕，但却保存了不少精华，司补正史及方志之不足，为研究国内外民族迁徙、人口统计、社会风俗、文学及历史等提供了不少珍贵资料。家谱与方志是我国史学中二大巨流，一是家族史，一是地方史。我们大家已熟知方志的重要价值，而对家谱的利用似乎刚开始。如李俨先生据明隆庆刻本《休宁率口程氏续编本宗谱》，找到明代算学家程大位的诞生年月。叶国庆教授据《林、李家谱》，知道明大思想家李贽本姓林，名林载贽。其上代娶忽鲁谟斯（今波斯湾霍尔木兹）女，父、祖俱信回教，因此他反对传统的儒教，也是很自然的。张秀民先生据《华氏宗谱》、《虬川黄氏宗谱》，弄清楚了明代铜板印书家华珵、华燧、华坚、华镜，及明徽派板画刻工黄德时、黄应光等30余人的世系亲属关系，纠正了过去有些人凭主观猜想的差误。而在《胶山安黄氏家谱》中，看到明代著名出版家安国的画像及其诗集。据《江阴邓氏家谱》，知江阴邓氏，明永乐中由交阯迁来，而其上世为安南李朝太祖李公蕴。海外华侨可从闽广家谱中，找到各自之木本水源。嵊县《瞻山张氏宗谱》存有明代张邦信（金事公）之《白山诗稿》，又载有辛亥革命光复杭州立首功之张伯岐的革命史料。这些都是在正史方志中所找不到的，所谓"有事业文章可传者，官史或不具，唯家乘所详"。这就是家谱可贵之处。如何对家谱去粗存精，含英咀华，化腐朽为神奇，那就在乎运用之妙了。

过去宗法社会重视血统关系，为防止异姓乱宗等流弊，家谱概不许外传，谱中多有明文规定。又以为祖宗之灵爽于是乎在，故虽亲友亦不得借阅，而为子孙世袭珍藏，视为传家之宝，或定

"如有收藏不谨，腐烂虫伤，同族议罚"的规定。除非子孙不肖，它很少流落到外边，因此也不易买到。新中国成立前北京图书馆所藏家谱只三四百种，远远不及日本、美国所藏，他们很早就知道家谱的重要性，所以不惜重价，在北京旧书市场上抢购，因此价格猛增，我们自己反而买不到。新中国成立后北京图书馆大力收购，当时收购了很多，据初步估计，合旧有与新收约有 2000 种左右。合之其他图书馆及流散在国外的共计约五六千种，除去重复，约可得三四千种。北京图书馆所藏除抄本、刻本、铅印、石印本外，其中清代木活字本约 500 余种。乾隆、嘉庆各约 20 种，道光、同治各约四五十种，咸丰、宣统各约一二十种，光绪年间印行的最多，约有 300 种，直至民国仍有三四百种，是用木字排印的。清代家谱的姓氏超过了百家姓，约有 200 多姓，其中最多的是张、王、李、陈、刘、吴等姓，双姓或奇名较少，又有少数兄弟民族的。清代木字家谱分布在江、浙、皖、赣、湘、鄂、川、闽等省，北方各省谱牒既少，更未有用木字排印的。

　　清代木活字家谱，以江、浙两省占压倒多数，而两省中以旧浙江绍兴府、江苏常州府为最多。这些地区多聚族而居，族权发达，几乎村村有祠堂，每姓有家谱。绍兴府八县中县县有谱，嵊县与山阴会稽（今绍兴）各有 200 种左右，萧山 85 种，余姚、上虞、诸暨各约数十种，统计约近六七百种。1983 年至 1985 年新修《嵊县志》时向四乡搜集家谱，得 520 部，惜多缺首短尾，完整者不过二三十部。绍兴一带有专门从事印谱的工人，俗称"谱匠"或"谱师"，其中仅嵊县谱师，清末即多至 100 余人。每当秋收后，他们挑着字担，到绍兴或宁波一带乡镇做谱。他们字担上的木字或称木印，只有 2 万多字，分大、小两号，是用梨木雕成的

宋体字，遇缺字则临时补刻，字盘用杉木制。

嵊县谱匠在长期工作实践中，为了把字排得更好更快，把字盘分常用字盘与生僻字盘两类，又称内盘与外盘。内盘放置常用的皇帝年号，天干地支，年月日时，长次幼男女，讳字号行，婚配适葬，一、二、三、四……数字及之、乎、者、也等虚字。外盘为便于记忆，编成"君王立殿堂，朝辅尽纯良……"等五言诗二十八句。把头脚偏旁同类的字排在诗句的每一字下，如君（群）王（弄理圣王）立（产端）殿（殿殳）堂（尚掌），只要记住诗句，检字就比较迅速。这样既不同于武英殿的字柜，又异于王祯的转轮盘，在文字排列上，又突破了字典的部首常规，在今日看来虽然诗句已嫌陈旧，而他们的革新创造精神是很可取的。他们由五六人或七八人组成一班，内分刻字、图像、排字、刷印、打杂，而以包头（经理）总其成。工作时间视族分大小，谱中资料多少而定，少则一两月，多则四五月或半载即可完工。宁波所属鄞县、慈溪、镇海、奉化亦流行谱牒，台州、金华、衢州所属次之，浙西又次之。

江苏以常州、无锡一带为最盛。清代家谱之冠以毗陵、晋陵、延陵、阳湖（均今常州）、武进、常州者约 100 种，而以锡山、梁溪、金匮（均今无锡）、无锡名者 50 种。在清代常州家谱中偶然发现有一种用铜活字印的，而 9／10 仍是用木字，而且常州的排印工在清代最负盛名。包世臣云："常州活板字体差大，而工最整洁，始唯以供修谱，间及士人诗文小集，近且排《武备志》成巨观，而讲求字画，编排行格，无不精密。"又"底刻而面写，检校为易，以细土铺平，板背折归皆便。"常州木字一头刻字，底面又写字，所以拣字归字比较容易。又用细土在字盘内铺平，作为

垫板之用，以此印工被称为"泥盘印工"。因为常州泥盘印工技术高明，所以安徽人将省立的官书局——曲水书局设立在常州龙城书院先贤祠内，醵金招募梓人，自备聚珍。甚至四川人有的把家谱稿本也寄到常州排印，而常州印工不到四五十天，就把《泸州南门高氏族谱》印好。常州附近的苏州府、镇江府及其所属各县也流行家谱。

安徽则以旧徽州府绩溪、歙、黟、休宁、祁门、婺源六县及桐城为盛。安庆、宁国、池州、庐州四府偶有之。湖南亦盛行，湖南中山图书馆藏家谱1000余部。听说四川川北的印工也至省内各处摆印家谱，所带活字有木的，并有铜的。在缺少梨树、枣木的地方，而所带之字又不够用，则临时用白善泥或黄泥做成小方块，刻字其上，用炭火烧成陶字，称为烧料。所以一部书可能同时采用金属与非金属活字，然而四川印的家谱却很少见，可能传出省外的不多。此外江西、湖北、福建各有数种不等。

家谱同方志一样也是一种连续性出版物，有所谓15年一小修，30年一大修之说。古人称30年为一世，故一般谱中多规定30年须重修，否则谓之不孝。倘遇灾歉或兵荒马乱，也有过四五十年才重修的。修谱需要一笔经费，往往由祠堂公款支出，或由派下子孙自由捐助。只有社会稳定，物资充足时，才有条件修谱，而修谱也成为合族的大事。新谱告成举行祭谱仪式，有时演戏庆祝。重修时把一族中死亡、出生人口作一次详细调查，登入新谱，新谱与老谱内容自然就有不同。所以不少的谱往往标明重修、三修、四修……有至十四修的，以示与老谱有别。

家谱往往用红线来表示直系亲属的世系，因此又可以说是朱、墨套印本。其图像或木刻，或笔绘，又有五色彩画的，多出于民

间画匠之手。他们根据祠堂或家藏影像画入，明、清两代的画像比较可信。这些绘画不仅在艺术史上有价值，有时可补历史人物图像之缺，更可考见当时男女服装制度。谱中印错之字多用墨等盖去，再用红字木印或黑字印于其上或四周，而原字仍隐约可见，间有附校勘记于谱末的。

家谱一般印数自七八部至十数部，或二三十部，也有多至四五十部甚至 100 部的，每部编成字号，由各房珍藏。多用洁白连史纸印。开本甚大，因为木字大，本子自然随之而大，普通多为高约 30 厘米左右，宽约 20 厘米左右。绍兴、宁波一带的印本，有高至 46 厘米，宽至 37 厘米半的。而康熙五十三年（1714）江西余干《黄埠徐氏宗谱》竟高至 50 厘米，宽至 33 厘米，比一般印本宽大得多。册数少者一册、二册、四册、六册，普通多为一二十册，有多至四五十册者，民国廿五年嵊县《崇仁义门裘氏家谱》则有 62 册，故其分量亦相当重，不便携带。清代活字家谱除木字外，又有用泥字或铜字印的各一种。

中国做谱的风气也传到朝鲜、越南、琉球。这三个国家现存的家谱各在 200 种以上。越南、琉球的谱牒多为抄本，少数刻本，而朝鲜 292 种谱中以印本为多，其中用木活字印的有 33 种。从他们的家谱中可以看出，过去有不少中国人迁居到朝鲜、越南、琉球去的。

（3）印工与谱匠的生活

清代的木活字印工也很少把他们自己的姓名摆印在书上。只知道雍正三年（1725）汪氏南陔草堂印宋《唐眉山集》书末有"湖城潘大有刊"字样。昆山陈景川在嘉庆间，摆印了陈元模所编的《淞南志》十六卷，在二续志末有"玉峰陈景川刻字局摆板"

字样，这位陈景川当是刻字局的经理。同治十年（1871）福建宁化县印工阴维新摆印了李世熊的《钱神志》，自称"梓匠邑人阴维新"，虽然不是雕版，而仍称为"梓匠"。过了三年（1874）"寓江宁旌阳汤炳南镌摆字印"元鲜于枢的《困学斋杂录》一册。所谓"旌阳"，即安徽旌德县之别称。汤炳南原籍旌德，寓居南京，不但雕版印书，也用活字印书，并且说镌摆字印，可能自己刻字又兼摆字。其他姓名多不可考。《武英殿聚珍版丛书》有校对者姓名，无排字者姓名，而关于他们的生活却有间接的记载。武英殿摆字匠称"供事"，分"摆版供事"与"管韵供事"二类，初设12名，后又添设额外供事12名。在名额内的12名的待遇"与匠役无异"，"亦照匠役之例，遇有摆板之日给予分例饭食，庶令常川供役，免致迟误。"金简原奏里所指的匠役系指"御书处"的刻字人、造墨人而言。他们的饭食是每份羊肉二两，老米九合，酱一两，清酱五钱，豆腐四两，豆芽菜二两，木柴一斤，炭一两。这是康熙二十九年（1690）设立御书处以来的老制度。乾隆三十三年（1768）豆腐、豆芽菜，改每份折银三厘二毫九丝二忽，向广储司支领，余物照旧行取。这些摆字人享受的官饭，每天可以吃到一些羊肉、清酱，不摆书的日期，他们的官饭也就停止。他们的工资未见记载，惟过去武英殿摆铜字人"每月每人工食银三两五钱"，"刷印连四纸书一千篇，工价银一钱六分，竹纸书一千，工价银一钱二分。"他们的工价与此当不相上下。

　　清代江浙谱匠虽多，而有姓名可考的却少见。同治间无锡季子良在苏州排印《平江盛氏家乘稿》，光绪辛丑（1901）宋华堂与刘鉴亭刊印《庐江方何氏宗谱》。光绪二十一年（1895）木字本《山阴白洋朱氏宗谱》序文后，有"蠡城张廷相刻"六字，又谱中

祖宗画像，均各有"顺斋王铭画"，"张廷相镌"两小方印。张廷相是一位担任刻画像的本地谱匠。所谓"蠡城"，系指绍兴府城，绍兴城相传为范蠡所筑，故有蠡城之称。谱匠虽为专业，而在农忙时一般也务农，或兼作其他手工业。他们挑着字担今年去此村，明年到那镇，或到外县工作，富于流动性，好似15世纪中叶欧洲早期的流动印工。有时过了二三十年，那一族第二次重修时，岁数大的老谱匠可能又回到原地再工作。他们的工资有按月计的，清末民初大约每月10元。有按页计的，"每页大洋二元"。又有所谓"板价"，以字盘计，光绪间"每盘计钱九十二文"，这可能是收回活字工具的折旧费。一般的修谱都管饭食，并供应茶叶、茶水、烟、火纸、油等生活资料，在开工或完工时，往往请他们吃酒席。印工除工资外，又有所谓"赏钱"或"花红"等名称。谱匠亦须学徒三年，要具有相当文化程度，往往以"童生"为之。头两年老师傅不肯好好教，多为师傅家当杂差，学习雕宋字等业务，全赖自己用心，晚间自学，三年学满，即成为正式谱匠矣。

(4) 木活字报纸

清代木字除印书籍外，又印报纸，这是沿袭明崇祯十一年(1638)以后的老法。袁栋说"近日邸报往往用活板配印，以便屡印屡换，乃出于不得已，即有讹谬，可以情恕也。"乾隆初年如此，直至清末仍如此。关于北京的报纸，19世纪来引起不少外国人的注意，在他们的记载中往往提到用木活字印的《京报》，所谓Peking Gazette。波乃耶(J. D. Ball, 1847—1919)认为是用白杨木或柳木活字所印。《京报》所载无非上谕、奏折、官吏升迁、某官谢恩、某官请假等，只供统治阶级内部参考，发行数量不大。

其形式是书本式小册子，薄薄的竹纸每日二三页，多或六七页。字体不大，大小不一，行字歪斜，墨色浓淡不匀，鱼鲁亥豕，几乎每页均有。外里黄色薄纸，盖有朱印木戳"京报"二字，及某某报房字样。现在所见较早的也只是同治《京报》了。德庇时（J. F. Davis，1795—1890）以为北京又有一种《红皮历书》，按季出版，所列各处官阶相同，有时只换了一两个人名，因此也用活字印。所谓红皮历书，实际上就是指北京出版的《搢绅录》，也就是当时中央及地方政府的职员录，因为书的外皮用红纸装订，故有此称。红皮历书又称为红面书。康熙间北京士大夫案头有三本书：一红面，一黄面，一黑面。红面者搢绅，黄面者历，黑面者报也。而红面、黑面又均为木活字印。

　　光绪二十一年八月维新派人士在北京用木刻活字，出版一种刊物，名《万国公报》，后改名《中外纪闻》，又名《中外公报》。隔日发行一册，形式与《京报》相似，每册只有论说一篇，每期印一二千份，随同《京报》附送王公大臣，但是年冬就被清政府封禁。二十四年无锡《白话报》每五日发行，用木活字、毛边纸印。

　　3. 铜活字

　　（1）北京内府铜板

　　清代政府不但有武英殿枣木活字，又造铜字，并且铜字比木字还要早60年。包世臣云："康熙中，内府铸精铜活字百数十万，排印书籍。"《清宫史续编》卷九十四云："我朝康熙年间御纂《古今图书集成》，爰创铜字板式，事半功倍，允堪模范千秋。"根据以上官私记载，康熙年间确已有了铜字。据说《星历考原》、《律吕正义》这几部天文、数学、音乐书籍，康熙末都用内府铜字排印，《数理精蕴》是雍正元年用铜活字印的。《星历考原》印于康熙五十二年（1713）。这一年福州人陈梦雷在北京诚亲王胤祉邸，借用内府铜字，印行了他的《松鹤山房诗集》九卷，《文集》二十卷。诗文集宋字而略近颜体，笔画较粗，与《古今图书集成》横轻直重的标准方体字不同。或以为陈氏诗集即用《图书集成》的铜字，不合事实。由此可知当时北京的铜字，实不止一付。

陈梦雷字省斋，康熙九年进士。原附耿精忠，发配关东。康熙三十七年帝东巡。梦雷献诗。赦还京，令其辅导皇三子胤祉读书。他为了报答王爷知遇之恩，曾研精覃思，利用王府及自己藏书，编辑了一部包罗万象的类书三千六百余卷，名为《汇编》。从康熙四十年（1701）十月开始，向王府领银雇人抄写，至四十五年（1706）四月全书告成。他自己说：“不揣蚊力负山，以一人独肩斯任。”仅在五年内，完成了这部大书的初稿，这在中外学术史上确是罕见的。五十五年进呈钦定，赐名《古今图书集成》。并于同年设馆，由陈梦雷所取修书人员 80 人，继续增订，约于五十八年完成。

皇四子胤禛（即雍正帝）和他的兄弟争夺帝位胜利后，立即将陈梦雷父子以“招摇无忌，不法甚多”的罪名，再次发遣边外。并将其弟、侄亲属及同乡驱逐回籍，金门诏等被黜革凡十六人。雍正《东华录》云“康熙六十一年十二月癸亥谕：此书（指《古今图书集成》）工犹未竣，令九卿公举一二有学问之人，令其编制竣事。”雍正元年正月谕蒋廷锡：“今刷印校对之工尚有未完，特派尔为正总裁。尔等务期竭心尽力，将通部重行校勘，无论舛字句，及有应删应添之处，必逐一改正，以成皇考未完之书。”又

谕："陈梦雷处存《古今图书集成》，皆皇考（康熙帝）指示训诲，钦定条例，费数十年圣心才成。"既然说是皇帝御制大作，为什么跑到老百姓家里去，这显然是不对的。陈氏《汇编》原为三千余卷，《图书集成》有一万卷，似乎是增加了六千多卷。其实陈氏早已说过："以百篇为一卷，可得三千六百余卷，若以古人卷帙计之，可得万余卷。"所以画家蒋廷锡等并没有增添新材料，原来的六编，仍是六编，原来的为部（小类）六千有零，仍是六千一百零九部。只把三十二志，改为三十二典，做些刷印校对，改正讹错字句的工作而已。而将原稿著作人陈梦雷的名字一笔勾销了。陈氏对自己的著作曾满怀自信地说："较之前代《太平御览》、《册府元龟》，广大精详，何止十倍？"并非过分夸饰。清卢文弨云："古今之精华萃于是矣！"所以直到现在，这部有 16000 万字的巨著，还是国内外科学研究工作者日常使用的重要参考书。有的西洋人称它为《康熙百科全书》。《清史稿·艺文志》等，说是蒋廷锡等奉敕撰，都是不符事实的。

陈梦雷《松鹤山房文集》卷二《进汇编启》载："自揣五十年来无他嗜好，唯有日抱遗编，今何幸大慰所怀，不揣蚊力负山，遂以一人独肩斯任。谨于康熙四十年十月为始，领银雇人缮写。蒙我王爷殿下颁发协一堂所藏鸿编，合之雷家经、史、子、集约计一万五千余卷，至此四十五年四月内，书得告成。分为汇编者六，为志三十有二，为部六千有零。凡在六合之内，巨细毕举。其在《十三经》《二十一史》者，只字不遗。其在稗史、子集者，十亦只删一二。以百篇为一卷，可得三千六百余卷，若以古人卷帙计之，可得万余卷。雷五载之内目营手检，无间晨夕，幸而纲举目张，差有条理，较之前代《太平御览》《册府元龟》，广大精

详，何止十倍？"

用铜字排印《古今图书集成》，是清内府最大的印刷工程。康熙五十九年即奉谕旨刷印。这样一部万卷巨编，当然不是一年半载所能完工。据雍正元年正月蒋廷锡奏报，康熙谕旨："刷印六十部，今查得六十部之外，尚多印六部。"是雍正元年已全部刷好，唯须校改错误，又要折配装订，故至雍正三年十二月蒋氏始上校刊告成表文。四年又加御制序文。

印刷部数又有不同说法，卢文弨以为只印 20 部，或以为 60 部，外国人麦高文以为 30 部，又有作 100 部的。蒋氏初报 66 部，雍正三年又奏称："除进呈本已装潢外，尚有六十三部现在折配。"自相矛盾。乾隆四十一年永瑢复查亦称 64 部，又有初刷样本一部不全。据乾隆三十四年（1769）军机处档案，则作 66 部。光绪间上海同文书局石印时，也说："考铜板原印凡六十六部。"每部 525 函，共 5020 册，分黄纸、开化纸两种印本。印刷清楚，装潢美丽，但有的仍是未切边的毛装，白开化纸更难得，现在国内外所存约有 12 部。

或以这次铜字为陈梦雷新制，后来被宫中没收。陈氏只是一位教书先生，当然自己不会有这样大的资力来造大批铜字。假使他自有铜字，或者那些铜字是王府出钱，由陈氏监造的，他就不至于请求胤祉发付梓人刊刻了。

清吴长元《宸垣识略》以为"武英殿活字板，向系铜铸，为印《图书集成》而设。"龚显曾《亦园脞牍》以为"康熙中武英殿活字板，范铜为之。"而乾隆帝却称，康熙年间编纂《古今图书集成》，"刻铜字为活板"。乾隆的话自然比较可信。武英殿刻铜字人每字工银二分五厘，比木刻宋字（明体）、软字（楷体）的工资

几乎贵几十倍，金属坚硬，比木板难刻，工价自然倍增。当时不说铸铜字人，而说"刻铜字人"，可见铜字是刻的。据法国儒莲的说法，以为康熙帝由于接受了欧洲传教士的建议，命刻铜字，数约25万个，但不知其何所据。英国目录学家波拉特指出书中同一个字，而有显著的区别，实际上这在一付铸造的活字中是不可能有的，那就是说这些活字一定是刻的，而不是用字模铸造的。根据以上各家的说法，印《图书集成》的大批铜字，可以肯定说是手工雕刻的。吴氏、龚氏的说法不能成立。至于近人有的以为用明朝铜字来印，明朝各家的铜字，无一与此相同，这显然更是错误。铜字字数包世臣以为百数十万，儒莲以为25万个，麦高文以为23万个，分大、小两号，正文用大字，约二厘米见方，注文用小字，约为大字的一半。《图书集成》半页9行，行20字，有直行行线，四周双边。

这部大类书排印完工后，没有听说再印何书，就把大批铜字藏在武英殿的铜字库，设有库掌一员，拜唐阿二名，专门管理。后来就被这些管理人员监守自盗，恰巧北京钱贵，他们怕受罚，就建议毁铜铸钱。乾隆九年（1744）将铜字库所残存的铜字、铜盘统统销毁，改铸铜钱，真是得不偿失。后来乾隆想出版从《永乐大典》内辑出来的佚书时，已后悔不及，不得不重新雕造大批枣木活字了。

（2）江苏吹藜阁铜板

清内府铜字本《图书集成》，是大家所熟知的。至于清代民间是否有铜活字，过去很少有人注意。

清代民间使用铜活字最早者，要算吹藜阁，吹藜阁主人姓名尚待考，可能为苏南常熟一带人。其印本有《文苑英华律赋选》

四卷，在书名页与目录下方及卷四终末行，均有"吹藜阁同板"五字，同板就是铜板的简写，明人或写作"全板"。书为虞山钱陆灿选，有康熙二十五年（1686）钱氏75岁时写的自序说："于是稍简汰而授之活板，以行于世。"封面说是铜板，他又说是活板，其为铜活字板无疑。不过他没有说明铜活字板是自己的，或借用别人的。明代常熟周堂曾用福建书商游榕、饶世仁的铜字排印《太平御览》100余部，时间相隔不过百余年，可知常熟人用铜字印书，不是初次。它的出版比《图书集成》要早40年，是现在所知清代最初的铜字本，书中所收张彦振"指南车赋"等可作科技史资料。书凡四册，黑口，四周大单边，字为笔写体，就是所谓软字或今体，楷书流利悦目，印刷清楚。

（3）常州铜板

常州铜板同无锡一样，在明代已出名。并且在我国首先创用铅活字，在制造金属方面，常州有光荣的历史。可惜明代常州的铜印本与铅印本，都没有传下来。清代常州的活板也颇享盛名，而均为木活字，并多用来印家谱。只有咸丰八年（1858）徐隆兴等《九修毗陵徐氏宗谱》三十册，为铜字印本，是现在所知家谱中唯一的铜字印本，所用铜字不知出自常州何家，今藏日本东洋文库。清代十分之六七的家谱都用木字排印，而这部常州徐氏宗谱，独用铜字，这与同时泾县翟氏用泥活字印《水东翟氏宗谱》，在家谱史上都是别开生面的。徐氏宗谱所用铜字，不知出自常州何家。

（4）浙江杭州铜板

杭州是宋元两代刻书的中心，明清两代的出版品也不少，但是没有人谈过杭州的金属活字。杭州铜字印书可考的，有咸丰二

年（1852）吴锺骏用聚珍铜板，印行他的外祖父长洲孙云桂所著的《妙香阁文稿》三卷，《诗薖》一卷。吴氏在跋文中称："今岁长夏，校巡事毕，始以聚珍铜板，排次成文，印以行世。"因为他在杭州做官，遇聚珍板，就把它排印，可知铜字并非他自有，而是借用别人的。另一部杭州铜字本，是第二年癸丑（1853）满洲人麟桂在浙江做官时排印淯绎道人所辑《水陆攻守战略秘书》七种，北大图书馆藏此丛书残本四种，除《军中医方备要》外，又有刘伯温先生重辑《诸葛武侯兵法心要》之《内集》二卷，《外集》三卷，《刘伯温先生百战奇略》十卷，《施山公兵法心略》二卷，凡十册。全书二十册。末册有"省城西湖街正文堂承刊印"一行，是由麟桂出资，而由杭州书坊承印，书中只说用活字板印之，并没有说铜活字，因此过去有人以为麟桂用木聚珍板所印。何以知其为铜字呢？因为它与福田书海林氏的铜板字体完全相同，以致又有人以为这部丛书是咸丰三年林氏铜板本。林氏铜板本有行军时医疗的用方，名《军中医方备要》，而此丛书七种中，也有这一种，两相比较，两书内容相同，字体行款半页八行，行十九字，一模一样，但有一两页未满行的，字数却不同，两本同中有异，可知并非一时所摆。盖一印于福州，一印于杭州，因而有些差异。林氏排印的似乎只有《军中医方备要》，而此七书中每种前有麟桂题词，并无林氏之名，封面题麐月方伯集印，其为麟桂印于杭州无疑。又《水陆攻守战略秘书》的字体，与上述《妙香阁诗文稿》也几乎完全相同，而《妙香阁诗文稿》明明是铜聚珍本，因此他们都是铜字本。杭州所用的铜字，大概就是福州福田书海林氏的铜字，至于何以他的铜字会流落到杭州，文献不足，无从查考了。

（5）福州林春祺福田书海铜板

福田书海的铜活字，为福州林春祺所造。春祺字怡斋，20 岁时曾赴杭州、苏州读书，跟他的父亲宦游洛阳、广东。他从小就听他的祖父和父亲谈起古铜板书，常常惋惜社会上没有铜板，以致古今博学之士的宝贵著作，因无力刊板而失传，有的虽然刻了板，而湮没朽蠹，也同无板一样。一般人都知道古铜板书宝贵，而铜板传世者却很少，社会上造铜字的人更少见。他为了实现他祖父的志向，于是从 18 岁那年起，就捐资兴工镌刻，花了 20 多万两银子，辛苦了 20 年，终于照《洪武正韵》笔画，刻成楷书铜字大、小各 20 余万字，古今字体悉备，大、小书籍皆可刷印。林氏镌刻了大、小铜字多至 40 余万个，比康熙内府所刻者几乎多一倍，也超过了朝鲜任何一批铜字数量，规模之大，在亚洲制造金属活字史上是罕有其匹的。这样在制造时财力、物力、人力上一定会遇到不少困难，无怪他说："为之实难，成更不易，中间几成而不成者屡矣。半生心血，消磨殆尽，岌岌乎黾勉成此。"这与翟金生用 30 年心力造成 10 万多个泥活字的毅力同样使人佩服，因为他的铜字是一个个用手工刻成，不能大量生产，同时又须完全依靠他个人的财力，因此非有雄厚的资本与不折不挠的毅力是难以成功的。又说："岁乙酉捐资兴工镌刊，时春祺年十八，至丙午而铜字板告成。"所谓乙酉、丙午到底是指哪一年呢?由铜字琰字缺笔，而淳字不缺，知道乙酉实指道光五年（1825），丙午为道光二十六年（1846），前后经过 21 年，时林氏年仅 40 岁。林氏原籍福清之龙田，因即名此铜板为"福田书海"云。林氏所印有顾炎武《音学五书》，而所见者只有顾氏《音论》和《诗本音》两种。《音论》卷首有林氏自己写的"铜板叙"一篇，说明造铜活

字的原因和经过，是我国制造铜活字的仅有文献。"铜板叙"全文如下：

"世有铜板之书，而铜板之传甚少。春祺龆年即闻先大父与先君论说古铜板书，恒惋惜世无铜板，致古今宿儒硕彦有不刊之著述，而无力刻板，与夫已刻有板而湮没朽蠹，终同于无板者，难更仆数。春祺心焉志之。弱冠就学古杭、姑苏，从亲宦游洛阳粤海，每接见名公大人，亦无不以古铜板之书为可宝贵，然举世刻之者卒罕觏。岁乙酉，捐资兴工镌刊，时春祺年十八。至丙午，而铜字板告成，古今字体悉备，大小书籍皆可刷印，为时二十载。计刻有正韵笔画楷书铜字大小各二十余万字，为之实难，成更不易，中间几成而不成者屡矣。今幸成此铜板，则古今宿儒硕彦有所著述，无力刻板与夫已刻有板而湮没者，皆可刷而传之于不朽。是春祺不惜耗赀二十余万金，辛苦二十年，半生心血，消磨殆尽，岌岌乎黾勉成此，庶亦勿忘夫祖与父之夙志云尔。春祺世籍本古闽福清之龙田，因即名此铜板为福田书海云。"

书名反面有"福田书海铜活字板，福建侯官林氏珍藏"四行，16字。《诗本音》末记镌刊铜板姓名，有"古闽三山林春祺怡斋捐镌，兄季冠痴石校刊，长子永昌正画，次子毓昌辨体"字样。铜字楷体精美，纸墨精良，每页板心下方均有"福田书海"四字。又林氏所印《军中医方备要》二小册，黄纸封面题"侯官林氏铜摆本"，行款字数与前二书同，板心却无"福田书海"四字，亦无出版年月。

(6) 台湾武隆阿铜板

台湾早期有明永历印本，到了清朝刻有康熙《台湾府志》。嘉庆十二年（1807年）又出现了铜活字本。有一位满洲将军武隆阿，

姓瓜尔佳氏，正黄旗人，当时任台湾镇挂印总兵官，造铜字印书。龚显曾《亦园脞牍》卷一云："台湾镇武隆阿刻有铜活字，尝见其《圣谕广训注》印本，字画精致。"安徽人姚莹道光间在台湾做官时，也看到武氏的铜字本，说："此间有武军家亦铸聚珍铜板，字亦宋体，而每板只八行，不惬鄙意。又有闽人林某作聚珍木板，每板十行，十一行，皆可，较善于武刻，而字乃今体，亦不当行也。"姚氏信中所谓此间"武军家"，即指台湾武将军家。又说武家铜字是铸的，与龚氏说法不一。台湾与泉州一水之隔，交通频繁，因此龚氏能看到武氏印本，而姚氏称武氏铜板是宋字，每板八行。《圣谕广训》是清代帝王统制人民思想的工具，内容陈旧，过去有不少版本，而这部字画精致的铜板，却未见官私藏家著录。

清代铜板书虽不及明代之多，而除江苏、浙江、福建外，又有北京与台湾，流行的范围却更广泛，而规模之大，雕刻之精，也胜过明代了。

（7）太平天国铜板

太平天国很重视文化宣传，在天京（南京）设有"镌刻衙""刷书衙"等出版机构，大量散发《圣经》及宣传品。不过均为雕版；只有洪仁玕记洪秀全起义前早年历史之《太平天日》，封面旁有小字"钦遵旨准刷印，铜板颁行"字样，印于太平天国壬戌十二年（1862），可算是太平天国官书中的唯一铜印本了。

雍正八年（1730）江宁启盛堂书坊有《精镌铜板四书体注》五大册，称"不惜工本，将铜板精刊，字迹端楷"，似乎是南京的铜刻整板。此1862年《太平天日》称"铜板颁行"不知是铜整板或铜活字，文字简单，难以肯定，现在暂列入铜活字本。

4. 锡活字

佛山镇据广州上游，扼西江、北江两江之冲，为清代四大镇之一。自鸦片战争后，商务虽为香港所夺；但是它的手工业仍极为兴盛，各种纸行、墨行、刻字行、书籍行林立镇内，刻工精巧，书籍行盛时，单是印刷折叠的工人就不下千人。它的出版品不仅风行内地，并且远销南洋群岛。如同治壬申年（1872）佛山福禄大街金玉楼刻板的越南人著作《皇越地舆志》，印好后即运往越南西贡堤岸发卖。可以说佛山是清代重要的出版中心之一。又因为工商业发达，市面畸形繁荣，赌博也特别兴盛，豆豉巷有大赌馆十余家，"门前车马，幕后笙歌"，赌徒们过着穷奢极欲的腐化生活。其中最大的赌博是"闱姓票"（类如后来之奖券、彩票）。以文武乡榜中姓氏为赌，令人依百家姓的姓氏挑选20姓为一票，发榜后其票得姓最多者为头票，次为二票、三票，皆以1得60倍之利（三票以下算输）。每值乡试之年，广州、佛山一带所押的"闱姓票"赌注，不下数百万两之巨，真是骇人听闻的豪赌，为他省所罕见。又有一种利用《千字文》天、地、玄、黄等前80字，点出20字，令猜者随点10字，每一票投银三厘，猜中五字，乃有彩得，全中10字，可得银10两，名"白鸽票"。广州城乡各处，俱开有票厂，猜票者以票投之，每日猜一次，男女老少趋之若狂。又有一种名为"山票"仿照白鸽票，用千字文120字为底，每票投银一毫五仙，头奖所得至五六万金。佛山镇有一位唐姓书商，为了印刷这两种彩票，在道光三十年（1850）开始铸造锡活字，在当年五月以前就铸成了两副活字，

字数超过 15 万。

他的铸造方法：首先在小块木头上刻字，把笔画刻清楚，用刻好的木字印在澄泥上，再把熔化的锡液浇入泥模中，一次铸四个活字，活字取出来时，泥模即被敲碎，利用碎泥，第二次仍可做泥模，然后把这些活字修整成统一的高度。这与十五六世纪朝鲜人用黄杨木刻字，以木字印海浦软泥，把铜液浇入泥模的铸铜字法，是不谋而合的。这种泥模铸字法，据说比西洋用铜模铸字，既简便，又经济。他为了节约金属材料，所铸活字比外国铅字低，只有四分多高。印刷时他把活字一个个排列在光滑坚固的花梨木字盘内，四边扎紧，以免印刷时活字跳动，字盘三面各有一脊，高与活字齐，印时即成为书的一面（即半页）的边阑，用纯黄铜条做界行，半页十行，同雕版书一样中间被板心隔开，把一页分成两面。当稿子校正后，就仿照通常的印刷方法，用刷帚来印刷。

他花了 1 万元以上的资本，前后造成三副锡活字，一共 20 多万个。一副是扁体字，一副是大字长体，又一副则为小字长体，作正文的小注用。其字体比当时流行的印刷体明体字（俗称宋字），美丽大方，他不但在造模、铸字与排印方面得到成功，并且也解决了中国墨不易被金属活字所吸收的问题。印成的书本大字悦目，纸张洁白，墨色清楚，这在印刷技术上是难能可贵的。

他几乎用了两年的时间，在咸丰元年（1851）印成了元代史学家马端临的名著《文献通考》三百四十八卷，钉成 126 册，凡 19348 面。

不过在书上并没有印上出版者自己的姓名，因此这位书商兼印工的名字不可考，我们只知他姓唐而已。

唐氏这次印刷试验很成功，并且大有希望来广印群书。恰巧咸丰四年（1854）六月，由箍桶匠出身的三水人陈升率领人民武装起义，号称"红巾军"，来响应当时天京（南京）的太平天国，占领了佛山镇。旬日之间，广东数十州县纷纷乘机起事，脱离清朝的统治。起义军由于军事上的急需，就利用唐姓印刷所的锡活字造枪弹，来打击清军。清方受伤的兵士中，有的就是被这种锡弹所击中的。铅字的威力，有时胜过枪弹，而陈开的义军用锡活字造成的锡弹，直接来打击敌人，这在中外印刷史上是少见的。

西洋活字，自谷腾堡以来主要用铅字，朝鲜在铸造金属活字方面，有其光荣的历史，但他们用的材料，主要是铜，间或用铅或铁，来铸成铅字或铁字，却没有用过锡。因此这一部锡活字印本《文献通考》，在版本上也是别开生面很珍奇的。《文献通考》现存元、明、清各种雕版、木活字板、铅、石印本约十六七种，而藏书家著录从未有所谓锡活字本的。它的出版距今不过 110 年。

5. 铅活字

上文已经述及，我国自制的铅活字最早始于明弘治末至正德初年（1505—1508）的常州。清魏崧《壹是纪始》卷九云："活板始于宋，……明则用木刻，今又用铜、铅为活字。"魏崧是湖南新化人，书成于道光十四年（1834），可以说明在鸦片战争前，我国一直有人在使用铅活字。

那时的铅活字还在香港字以前，当然和西洋人是不相干的。

研究地理的人大家知道清朝有一部著名的地理丛书《小方壶斋舆地丛钞》，出版者为王锡祺。他又编了一部《小方壶斋丛书》，光绪二十一年（1895）出版。全书20册，巾箱活字本，字体近似申报馆的铅字，大字如今四号字，小注如六号字，墨色漏油痕。光绪十九年（1893）王氏自称："迩年予得泰西活字，颇印乡先哲遗著。"可知他的活字是外洋的华文铅字。但是王氏早在光绪五年（1879）航海去北京，路过上海时，曾用活字排印他的同乡潘德舆的《金壶浪墨》，错误满纸，几不能读。十三年（1887），他又根据抄本作了补正，"重铸铅板，亥豕鲁鱼之诮，或可免焉"。好像他在购买外国华文活字之前，曾经铸过铅板，并且不止一次。又民国《山阳县志》、《清河县志》，都说他"自铸铅板"。他的同乡至友段朝端写了一篇《回赎铅铸书版记》，文中云："清河王君寿萱喜读书，喜刊书，家有质库，铅锡不出售，辄以铸板，积数年成《小方壶斋丛书》若干卷。"根据以上的文献，王氏确实自己铸过铅板。这些铅板可能是用泥型翻制保存的铅板。王锡祺字寿萱，生于咸丰五年（1855），清河（今江苏淮阴）籍的秀才，世居山阳（今淮安），曾任刑部候补郎中，筑小方壶斋，藏书数万卷。自他的祖父以来就是一个大财主，家里开当铺，凡是来当的铅锡器皿，过期不赎，被没收的，就利用它们来作为铸字的材料。他所铸的到底是铅板、锡板或铅锡混合板，文中没有说清楚。过去当铺所押当的多为锡器，或称镴器，如镴香炉、

烛台、祭器及日用镴瓶罐等，而铅制品较少，因此有人怀疑他所铸的可能是锡板。只是各种文献都写作铅板。王氏因为喜欢藏书印，又好客，日事游燕，发生经济困难，把《丛书》全板 59 箱，押给同业刘和泰，得钱五百千，王氏力不能赎。刘氏因为本利关系，和他打了几年官司，到了 1917 年由县官作调人，才算了结。这也可算是我国印刷史上少见的纠纷。

二、活字印刷术的影响

（一）对朝鲜的影响

我国发明的造纸术，最早往东传到朝鲜和日本。往西由中亚撒马尔罕传至亚洲西部与非洲北部。1150 年欧洲西班牙建立第一个造纸厂，离蔡伦的发明已整整 1000 多年了。雕版印刷术和活字印刷术也与造纸术一样，不但由我国直接传播到亚洲各国，并且影响了整个世界。朝鲜、日本、越南等邻邦，自古就在政治、经济和文化上同我国有密切往来，这几个国家过去都通行汉字，尊崇孔子，信仰佛教。从唐朝开始，朝鲜、日本就有不少留学生和高僧来学习，有的还在中国做官。北宋以后我国常把印本《大藏经》和其他经书作为礼品，赠送给他们。这样印刷术就通过往来的使节、留学生、商人、旅客和印本书籍的赠送，先后传播到这些国家。

朝鲜在 11 世纪高丽王氏王朝，就翻刻了工程浩大的《大藏经》和

很多中国经书与医书。李朝时代盛行铜活字印书。金宗直说："活板之法始于沈括，用铸字印书，凡经、史、子、集，无家不有。"徐有榘《镂板考》云："秘府云委之储，兔园籯笥之藏，大半活板之本，绣梓锓枣，特其什伯之一耳。"可见朝鲜活字板比雕版还盛行。徐氏又云："活板之式始见沈括《笔谈》，而东本书籍最多用其法，为其功力省而程功速也。"这两位著名朝鲜学者都深知活板的便利，并均提到沈氏《梦溪笔谈》。可见朝鲜的活板也渊源于毕昇的活板，并且青出于蓝而胜于蓝，朝鲜劳动人民运用其智慧，推陈出新，创造了多种多样的活字。他们仿毕昇胶泥活字，烧成一种"陶字"，现在流传的有 1722 年陶字本《三略直解》。

　　1376—1895 年，朝鲜造木活字共 28 次，有时一年造两次，有《康熙字典》体、钱谦益《初学集》体、笔书体、印书体等。1376 年木字印《通鉴纲目》，后来用木字印《仁祖、孝宗实录》。现存最早的有 1395 年木活字板《功臣都监》。传世的还有《韩奴介录卷》，据说是世界上现存最早的活字本之一，印于 1395 年。又有《开国功臣录券》，印于 1397 年。民间又用木字来印诗文集与家谱。1577 年汉城人民用活字印《日报》，来揭发当时统治阶级的贪污与无能，被政府横加干涉，禁止出版。1790 年，从清朝输入木活字大字 11500 字，小字 11450 字。第二年又输入木活字大字 9600 字、小字 9900 字，此即所谓"燕贸木字"。正宗于 1792 年命仿中国聚珍版式，用黄杨木刻大小 32 万余字，名曰"生生字"（一说"范铜三十万字，名曰生生字"）。《正宗实录》

卷四十四称：

"大抵前后所铸字，铜体不一，……动费时日，监印诸臣，屡以是为言，壬子命仿中国四库书聚珍版式，取字典本，木用黄杨，刻成大小三十二万余字，名曰生生字。"

1795 年，以生生字为母字，范铜铸字，大字 16 万、小字 14 万，称为"整理字"。此外，他们又用老葫芦表皮做成稀有的"瓢活字"，据说现存的《经史集说》就是瓢活字本。

朝鲜印刷术最突出的成就，是最先大量铸造金属活字，多为铜字。铸铜字先用黄杨木刻字，印在海浦软泥上，造成阴文泥模，于是熔铜，从泥模一穴泻下，一一成字。其铸字时间之早，数量之多，字体之美，校雠之精，纸墨印刷之良，都是罕有其匹的。13 世纪的高丽时代已用活字，李奎报代晋阳公崔怡《新序详定礼文跋》"遂用铸字，印成二十八本，分付诸司藏之。"崔怡用铸字印成《详定礼文》五十卷，时代大约在高宗二十一年（1234 年，宋端平元年，或作 1227 及 1241 年前）。崔氏又于 1239 年募工重雕铸字本《南明证道歌》，以寿其传。可见原来铸字本，还在 1239 年前。比我国锡字印书似乎还早。朝鲜铜字是铜合金，据日人加茂仪一分析 1455 年乙亥铜字，含铜 79%，锡13%，余为少量亚铅、铁、铅等。

李太宗（芳远）感到中国书不能完全传朝鲜，雕版也不可能尽刊天下之书，并且容易短缺漫漶。于是范铜为字，设立"铸字所"，范铜为字，几个月内就铸成数 10 万字，时间是明永乐元年癸未

（1403），所以称为"癸未字"。其子世宗 1420 年造"庚子字"。1434 年宣德九年甲寅又命李蕆（1375—1451）造"甲寅字"，凡 20 余万字，"琼球琳琅，个个匀整"，俗名"卫夫人字"，字体最美，被誉为"传国之符瑞"，又称为"朝鲜万世之宝"。其实据明永乐翰林学士所写《为善阴骘》、《孝顺事实》为字体，与王羲之师卫夫人（李充母）并不相干。"甲寅字行之者三百年"，先后五次仿铸甲寅字，内铁甲寅字一次。世宗十八年丙辰（1436）又铸"丙辰字"，为特大铅字，是世界上首次出现的铅活字。用它作正文，又以甲寅铜字作注文，印成一部铅字铜字混排的《通鉴纲目》。他们又创制了独特的铁活字，1729 年用铁字印成《西坡集》，1741 一年《鲁陵志》、1808 年《醇庵集》等六七种都以铁字印。朝鲜铁字本《鲁陵志》二卷一册，凡例小注云："印时用铁字，故纲亦以小字印之，而别其行以标之，低其目一字焉。"字体不及《西坡集》，题"岁辛酉首夏"，盖为 1783 年印本。《醇庵集》跋"今（1808 年）始以铁字印之"。铁比铜贱，而造成精美的活字印书，技术上并不简单。这些铁字印本为各国所无，是别开生面的。他们首先铸成铜字、铅字，又铸成铁字，这在世界印刷史上有独特的地位。

朝鲜铸造金属活字自 1403 年至 1863 年共达 34 次。内铅字二次，铁字六次，余均铜字。其中 15 世纪铸 12 次为最多，16 世纪四次，此后各五、六、七次。每次铸字 30 万者两次，次为 20 万，或为十五六万，少亦 8 万或 6 万，铸字总数约可达四五百万个。据说国立

朝鲜博物馆今尚存铜、铁、木、陶活字约 60 万字，多为 18、19 世纪物。其中除三次为私铸外，余均为官铸，政府这样重视铸字，是为我国明清两代所不及的。每次铸字必印行大批书籍，15 世纪末成俔《慵斋丛话》云："成庙学问渊博，又命校书馆无书不印。如《史记》《左传》《前、后汉书》《晋书》《唐书》、《宋史》《元史》《纲目》《通鉴》《大学衍义》《古文选》、《文翰类选》《事文类聚》《自警编》《欧、苏文集》《朱子全书》《杜诗》《荆公集》《陈简斋集》……"李朝盛时校书馆"盖无一日无印役之时。每于赴京（北京），使行之还，如得中朝（中国）书籍之稀罕于国中者，则必随即印出，以为广布，故官私书籍至不可胜读。"郑元容云："命芸阁印之，无书不印。"可见 17 世纪前朝鲜铸字印书之盛况。17 世纪末，国家多事，"或经岁不印一卷。"至 18、19 世纪铸字印书又盛，现尚有大量铜活字及铜活字板保存下来。

　　朝鲜铸字的方法，可能受中国铸铜钱、铸铜印的影响，因为雕木字样，做细沙反模，然后浇注铜液等基本方法，几乎是一样的。文彭《印史》："铸印有二：曰翻砂、曰拔蜡。翻砂以木为印，覆于砂中，如铸钱之法。"陈克恕《篆刻针度》卷四："铸印有二，翻砂如铸钱之法。将砂泥锤熟，做成二方，以已就之印夹合砂泥中间，先印其式在内，留一小孔，以铜熔化入之。"

　　中国铸铜钱、铜印的技术在汉朝已经很发达，而正式用铸成铜字来印书，似乎还在朝鲜之后。铸造"癸未字"时，排版的技术不高明，

每次必须先溶泻黄蜡，布于板底，而后排字于其上。蜡性柔软，只印数张，字就迁动偏歪，又需要把它们摆正。这对于印工十分麻烦，同时黄蜡有油性，不易受墨，也不经济。

世宗李构鉴于过去排印的困难，叫李葳设法改良。起初李葳觉得为难，后发挥他的智慧："造板铸字，并皆平正牢固，不待用蜡，印出虽多，字不偏倚"，一天可印二十余纸，此即"庚子字"。

《世宗实录》卷十一（1421）对庚子字也做了介绍："至是，上亲自指画，……改铸铜板与字样相准，不暇熔蜡，而字不移，却甚楷正，一日可印数十百纸。"

关于活字方法，均称"范铜为字"或"范铅为字"，又称"范铜铸字"，现在所知的最为详细的铸字法，见于15世纪末朝鲜学者成倪《慵斋丛话》卷三：

"大抵铸字之法，先用黄杨木刻诸字，以海浦软泥平铺印版，印着木刻字于泥中，则所印处凹而成字。于是合两印板，熔铜，从一穴泻下，流液分入凹处，一一成字。遂刻剔重复而整之。刻木者曰'刻字匠'，铸成者曰'铸匠'，遂分诸字，贮于藏柜。其守者曰'守藏'，年少公奴为之。其书草唱准者，曰'唱准'，皆解文者为之。守藏列字于书草上，移之于板，曰'上板'。用竹木破纸填空而坚致之，使不摇动者，曰'均字匠'。受而印之，曰'印出匠'。其监印官则校书馆员为之，监校官则别命文官为之。始者不知列字之法，融蜡于板，以字着之，以是庚子字尾皆如锥。其后始用竹木填空之术，而无融蜡

毕昇

之费,是知人之用巧无穷也。"这与明文彭、清陈克恕所记的铸铜印法,并没有不同。

朝鲜铸字印书,有精密的分工。校书馆内有冶匠 6 人,冶炼铜铁金属材料;有铸匠 8 人,浇铸活字;有刻字匠 14 人,专刻木模;有均字匠 40 人,专司排字;有印出匠 20 人,专司印刷;有雕刻匠、木匠、纸匠。又有唱准人,专管校对,及监印官、监校官、补字官等,共有 100 余人。政府对校书官排印书籍,定有赏罚办法。凡无错误,"则监印官启达论赏。每一卷一字误错者,监印官、均字匠等笞三十。印出匠每一卷一字或浓墨或熹微者,笞三十。"故李洸说:"绝无错字。"世宗因重视铸字,对于铸字匠人特别优待,授以队长、副队长之职,并给其妻子月料,为其他百工所无。在这种重赏之下,故当时能铸出最美的甲寅字与世界最早的铅字。而李藏对庚子字、甲寅字两次铸造,及排字法之改良,更是有功。

据说近年发现 1298 年高丽朝印造的《清凉答顺宗心要法门》(现韩国高丽大学校图书馆藏),为现存世界最古之金属活字本。比在 1972 年巴黎展出兴德寺铸印的《白云和尚抄录佛祖直指心体要节》,还要早七八十年。又存有 1420 年李朝庚子铜字本《真文忠公文章正宗》、《资治通鉴纲目》,1434 年甲寅铜字本《唐柳先生集》。北京图书馆藏有李朝铸字本、雕本约 500 种。浙江省图书馆藏近 200 种,连同其他馆共约一千数百种,多为翻刻中国书,朝鲜人著作约十分之二三。我国对朝鲜本一向有好评,因为内容全,错字少,间有佚书与异本。

印用色白如绫、坚韧如帛的高丽纸，墨色浓黑而均，粗线装订结实，大字大本，无一不佳。不过过去官私著录，凡是朝鲜本，都称高丽本，实际上多为李朝印本，真正高丽时代印本太少。

华燧会通馆铜活字是独立发明，还是传白他人，与朝鲜有无关系，这个问题很重要。中国铸字比15世纪初朝鲜大规模铸字要晚约80年，在华家开始用活字印刷之前，朝鲜已铸金属活字近10次。而15世纪前后中、朝两国交流密切，使节来往频繁。房兆楹先生于1967年在美国亚洲学会年会中宣读"高丽印刷"一文，述及弘治元年（1488）董越和王敞出使朝鲜，王氏为上元人，必与江南故旧相知，二人均与朝鲜学者有唱和诗，他们把朝鲜活字方法介绍给中国人是有可能的。同年朝鲜同知中枢府事成伣等使节遣使明朝，成伣就是撰写朝鲜铸字之法的撰者，他也许会把朝鲜铸字法介绍给中国人。

（二）对日本的影响

日本与中国一衣带水，造纸与印刷也有千年以上历史。中国自汉代发明纸之后，就与日本有直接往来和科学文化交流，这种交流有时通过朝鲜半岛进行。日本古坟中出土的汉魏文物，就是两国交往的历史见证。中国晋、十六国（304—439）以后战乱频起，朝鲜半岛上的高句丽、百济和新罗三国趁机占取汉乐浪、带方等郡县，接着也相互交战，半岛上大量汉人便前往日本避难，从而也将汉文

化带到日本。万安亲王（788—830）《新撰姓氏录》（814）《太
秦公宿弥》（右京诸蕃）条载，"秦氏为秦始皇十三世孙，……男
融通王一称弓月君，为应神天皇十四年（403）来朝，率百（貊）
二十七县民百姓归化，献金银、玉帛"。同书又称，"仁德天皇
时（5世纪初）秦氏流徙各地，"天皇使人搜索鸠集，得九十二部
一万八千七百六十人"。

　　舍人亲王（676—735）《日本书纪》卷10称，409年"楼汉直
祖阿知使主、其子都加使主并率己之党类十七县民而来归焉。"阿
知使主传为汉灵帝曾孙，汉末率众迁居朝鲜半岛的带方郡，后从带
方渡日。日本大和朝廷将弓月君后裔称为"秦人"，将阿知使主后
裔称为"汉人"。在两者之间还有以和迩吉师为代表的一批汉人从
百济来日，太安万侣（664？—724）《古事记》卷之中说："又
科赐百济国，若有贤人者贡上。故受命以贡上人名和迩吉师，即《论
语》十卷、《千字文》一卷，并十一卷，付是人即贡进。"此为儒
学传入日本之始。如下所述，和迩吉师即在百济任五经博士的汉人
王仁。此名初见于《日本书纪》卷10《应神天皇十六年（405）》条：
"王仁来之，则太子冤道稚郎子师之，习诸典籍于王仁，莫不通达。"
据王仁自述："祖先为王莺，……原为汉高祖刘邦之后裔，至百济
后始易姓"。

　　《古事记》中所说和迩吉师，和迩为王仁之汉名音译，而吉师或
吉士在日语中是对渡来汉人中有学问的人或外交官的美称。和迩吉师

即博士王仁。他来后，成为日本皇子的儒学老师，其所献《千字文》是魏人钟繇（151—230）所著蒙学教本。弓月君、王仁和阿知使主等人中有中国皇室后裔、原乐浪和带方郡的官员、士人、僧人、医生、科学家、工匠和农民，他们的到来构成中国科学文化大规模输入日本的第一次高潮，在历史上有深远影响。造纸术在日本的传播就与此有关。宽文八年（1668）出版的《枯杭集》卷2引宋朝法师（1454—1517）的话译文如下：

本国（日本国）昔时有称为记私之人者，始行造纸。此前以木札书文，故所谓御札者，即此典故也。

这条史料是日本纸史家关义城氏1972年在《关于我国最早的抄纸师》一文内首先提到的，并指出除《枯杭集》外，17—19世纪其他书都说记私是日本最初造纸的人。关义城认为记私恐怕是在县征来朝（610）以前渡来的造纸者，也许是移居日本的高丽人。但我们从记私日语发音这一点判断，认为此人即《古事记》中所载百济王遣往日本献《论语》和《千字文》的和迩吉师，记私、吉师为不同汉字表音形式。实际上此人就是《日本书纪》所述从百济来日本的五经博士王仁。而王仁、和迩口语读音相同，为同一人，我们已证明他是汉人。他作为汉高祖刘邦后裔，在百济被视为最博学的人，应日本天皇点名邀请前往，而且他不是百济人或高句丽人。

上述史料说明日本造纸起源可追溯到弓月君、王仁和阿知使主这批中国移民来此定居以后，即5—6世纪。因这时中国用纸已有

七八百年，王仁等人早就习惯用纸书写，又因工作需要每天要消耗纸，见日本不产纸，便组织就地造纸，当然首先制造麻纸。《日本书纪·履中天皇纪》载，履中四年（5 世纪前半叶）"始之于诸国置国史，记言事达四方之志"。同书《钦明天皇纪》载钦明元年（540）下令在全国编制秦人、汉人诸蕃归化入户籍。大和朝廷编制户籍、在各藩国置史官撰国史，必耗用大量纸，靠从境外进口不一定办到，在 5—6 世纪日本所需麻纸当大部分由本国所造，产地在河内（今大阪）、山城（今京都）等地。

日本自行造纸后，很快就迎来了飞鸟时代（592—710），由雄才大略的圣德太子摄政（592—622），造纸业又获得发展。圣德笃信佛法，兼通儒术，609—616 年以汉文著《法华经》、《维摩经》及《胜贫经》的《三经义疏》，在国内兴建佛寺。600 年与隋建交，派小野妹子等留学生入隋吸取新知识。《日本书纪》卷 22 载：圣德太子摄政时的推古"十八年（610）春三月，高丽王贡上僧昙征、法定。昙征知《五经》，且能作彩色及纸、墨，并造碾硙，盖造碾硙始于是时欤。"由此可知 610 年高句丽国应日本要求派到日本的僧人昙征兼通儒家《五经》，又会造颜料、纸墨和碾硙，因而受到重用。过去通常认为日本造纸始于 610 年，且将昙征当成高丽人，这种说法现在看来需要更正。从《日本书纪》原文中并未提示造纸始于此时，倒是说"造碾硙始于是时吧"。其实石碾、石磨在此以前日本已有，此处所说"碾硙"，应当指水磨。

　　在世界印刷史中，日本是继中国之后第二个最早发展木版印刷的国家。飞鸟朝大化革新（646）后，日本社会和经济、文化迅速发展，至奈良朝（710—794）达到全盛时期。此时中、日交通大开，遣唐使、留学生和学问僧大批来华，将学到的一切带回本国，中国人也访问日本。唐帝国拥有的先进的东西，日本都想引进，并在各方面极力模仿唐帝国，有意想在东亚争当先进，因为奈良朝有相对安定和繁荣的社会条件。此时造纸业已全面发展，各有关著作均有介绍，这里不再重述。所要指出的是，木版印刷也在此时开始，首先是佛经的印刷，下令刊刻佛经的是孝谦女皇（746—758）。

　　天平宝字二年（758）她让位于淳仁天皇（758—764），自称孝谦上皇，剃发为尼，拜僧人道镜（？—764）为国师。道镜俗姓弓削，为渡日的汉人后裔，通梵文，尤精于密教。时外戚藤原仲麻吕（706—764）为太政大臣，天平宝字八年（764）九月发兵反叛，上皇大怒，迅即平息叛乱，藤原仲麻吕兵败被诛。同年孝谦上皇废除淳仁，复位为女皇，史称为称德天皇（764—770），故孝谦与称德实为同一人。叛乱初起时，来势很猛，上皇乃发宏愿，如叛乱平息，愿造百万佛塔，每塔各置一陀罗尼神咒。这正是根据唐武周时长安二年（702）在洛阳刊刻的秘教典籍《无垢净光大陀罗尼经》所述造塔纳经可积福根、消除诸病及诸邪恶而行事的。

　　称德女皇很像唐代的则天女皇，都是铁腕式女性统治者，且都笃信佛法。武则天在全国兴建大云寺、广造佛塔供养印本《无垢净光大

陀罗尼经》，称德女皇也在全国兴建国分寺、广造佛塔供养刊印同名佛经，二人有类似经历。因称德旬日内即平叛，次年（765），她重祚皇位，任命国师道镜为太政大臣，造塔、刻经遂即进行，由道镜主持此事。所造佛塔为小木塔，高 13.5cm，底径 10.5cm，分三层、七层及十三层数种。塔的露台中有一空洞，用以供养《无垢净光大陀罗尼》的经咒。因塔较小，没有供养整个佛经，而只选用其中的《根本》《自心印》《相轮》及《六度》（《六波罗蜜》）四陀罗尼咒。刻版的板材可能用樱木，印以麻纸及楮纸，用纸来自各地，质量不等，但均染以黄檗。

每种经咒因文字字数不同，印刷用纸幅面也因之不同。换算成公制后，《根本陀罗尼》印纸直高 5.4cm，横长 55.2cm，每纸 38 行，每行一般 5 字。《相轮》5.4cm×42.6cm，21 行；《自心印》5.4cm×54.6cm，29 行；《六度》5.4cm×45.6cm，13 行。看来每纸直高一致，都是一寸八分，即 5.4cm（1 日尺 =10 日寸 =100 分 =30cm），而横长不等。每一经咒皆一纸印成，每纸少则 74 字，多至 200 字。《根本陀罗尼》200 字，字数最多。原则上用 4 块印版就够了，但因印数达 100 万，为加快进度，每咒同时以几块印版付印。现所见至少有两种印版，字体一致，而版面布置略异。如以两套印版计算，则共用 8 块版，每版需印 12.5 万次，才能印成 100 万枚。

据藤原忠平（880—947）《延喜式》所载官营纸屋院所产纸幅面 1.2尺 ×2.2 尺（36cm×66cm）计算，需要这样的纸 11.4 万张才能印百万

塔陀罗尼，因印刷量大，且只供纳塔供养，所以未用好纸，印纸粗厚，粗帘条纹，每纹径 0.9—1.6mm，由日本查草或沼茅茎编成的纸帘抄出。造塔刊经从天平宝字八年（764）起至神护景雲四年（770）四月完工，共用 6 年时间，称德女皇实现这一心愿后，于同年驾崩。光仁天皇即位，改元宝龟，后人将百万塔陀罗尼刻本称为"宝龟版"，是不妥的，因光仁即位前已于神护景雲四年（770）夏四月已刊毕，应称为"神护景雲版"或"神护版"才是。

完工后每塔内各置一印成的经咒，共百万枚，分别置于十大寺内，即大和（奈良）的大安寺、元兴寺、兴德寺、药师寺、东大寺、西大寺、法隆寺、弘福寺及摄津（大阪）的四天王寺以及近江（静冈）的崇福寺，均属畿内要地，作为镇国护国之宝。菅野真道（741—815）《续日本纪》（797）卷 30 宝龟元年（神护景雲四年，770）四月条云：

〔夏四月〕戊午，初〔称德〕天皇八年（764）乱平，乃发弘愿，令造三重小塔一百万基，各高四寸五分，基径三寸五分。露盘之下各置《根本》《恋心》（《自心印》）《相轮》《六度》等陀罗尼。至是功毕，分置诸寺。赐供事官人以下、仕丁以上一百五十七人爵各有差。

奈良《东大寺要录》卷 4《诸院章》条云：

东西小塔院：神护景雲元年（767）造东西小塔堂，实忠和尚所建也。天平宝字八年（764）甲辰秋九月一日，孝谦大皇造一百万小塔，分配十大寺，各笼《无垢净光陀罗尼》摺本。

毕　昇

　　"摺本"为日本古代专用技术术语，即"印刷"，因此"摺本"
相当汉语中的"印本"。这种不作社会读物而只作寺院供奉的印本，
日本古代称"摺写供养"（作供奉的印本），以有别于"书写供养"（作
供奉的写本）。《无垢净光大陀罗尼经》702 年首先刊于唐东都洛阳，
是为祈求则天女皇去病长寿而译出并刊刻的。此经迅即流行于唐土，
出现印本、写本、梵文本，甚至还有刻石本，各地造塔纳经不计其数。
这种陀罗尼热一直持续到唐末，当然也会影响到新罗和日本这两个邻
国。武周刻本陀罗尼经于 1966 年在韩国庆州佛国寺佛塔中发现，就是
例证，说明新罗也以传入的唐印本实行法舍利活动，但大多数寺院仍
以写本纳塔。由于称德天皇发愿造百万枚佛塔、供奉百万陀罗尼，日
本乃有印刷之举。

　　奈良《兴福寺流记》引天平宝字年（757—764）旧记称，天平二
年（730）光明皇后（701—760）发愿造水晶五重塔，供养《无垢净光
陀罗尼》。光明皇后是称德天皇之母，说明此经在 730 年之前已从唐
帝国引入日本国。接着 735 年入唐求法的玄昉（687—748）或吉备真备
（693—775）返国时携回佛典 5000 卷，也包括《无垢净光大陀罗尼经》。
又据奈良东大寺正仓院藏文书所载，天平宝字七年（763）五月十六日，
由义神师（道镜）奏准将《无垢净光大陀罗尼经》自东大寺中提出，
证明此经即藏于该寺，很可能是武周印本。道镜从寺内提出，应与刊
印有关，待国家发生动乱、女皇发愿后，促成刊印过程加速。奈良朝
印百万塔陀罗尼所用的技术是日本独创的，还是采用唐代现有的技术？

日本印刷史家木宫泰彦教授写道：

> 至于这些印刷术是日本独创的呢，还是从唐朝传入的呢，……从当时的日、唐交通、文化交流等来推测，我认为是从唐朝输入的。

对本国佛教印刷史有深湛研究的秃氏祐祥博士认为：

> 从奈良时代到平安时代（794—1192）与中国大陆交通的盛行和中国文化给予我国显著影响的事实来看，此陀罗尼的印刷绝非我国独创的事业，不过是模仿中国早已实行的做法而已。

我们完全同意日本学者的这些客观结论。秃氏祐祥博士在探究中国印刷技术传入日本之端绪时，还进而指出通过754年东渡日本的唐代高僧鉴真（687—763）及其一行人传授了技术。这是日、唐文化与技术友好交流的结果。据日本僧人玄栋《三国传记》称，鉴真在日本主持三部佛教律典的印刷，此书虽晚出，但鉴真一行人传授印刷技术的可能性是存在的，他与主持刊经的道镜经常往来，受到称德天皇的敬重。

奈良朝刊百万塔陀罗尼所据底本《无垢净光大陀罗尼经》，是唐

代刻本还是写本？只要证明此底本不是写本，也就肯定它是刻本。为此，我们将现存奈良朝刻本与北京图书馆藏敦煌石室发现的几种唐代写本《无垢经》对比后注意到，唐写本每纸直高 22—27cm，最小幅纸直高 17cm，且每行一律 17 字，每字径 7—10mm；奈良朝刻本每纸直高 6.5cm，版框直高 5.4cm，每行不超过 8 字，一般 5 字，每字径 4—5mm。纸幅直高、每行字数和字径上的不同，说明奈良朝刻本的底本不是唐写本，而是唐刻本。再将奈良朝刻本与韩国庆州发现本对比，证实了这一判断，二者每纸版框都是 5.4cm，直高与横长比为 1 ∶ 8—1 ∶ 10，印纸与印版都呈窄条形，每行字都不超过 8 个，字径为同一字号，皆为唐人楷书写经体，异体字完全相同，文字也基本相同，且都印以黄纸。

奈良朝百万塔陀罗尼刻本与韩国庆州发现本在经文、异体字、版框形制、字体及用纸颜色等方面的这些一致性，证明日本版所据底本与庆州发现本为同一版本，即中国唐武周洛阳刻本，也说明庆州发现本原刊于中国。763 年 6 月 13 日道镜从奈良东大寺提调出的《无垢净光大陀罗尼经》，就是第二年准备翻刻的底本。最早将此本带回日本的，可能是道慈（673—744），他于武周长安年间（701—704）随遣唐使直大贰和粟田真人等入唐求法，此后 716—718 年再次来华。日本据唐刻本翻刻四咒时，当然先要作文字校勘，因此奈良本少数字与唐刻本略异是自然的，奈良本刻工较稚拙也是意料中事。奈良本与唐武周刻本最大不同是没有武周制字，因 764—770 年间日本刻本没有必要用中国

已废止的武周制字，此时唐刻本也会如此。

称德女皇和道镜在 67 个月内发动近 32 万人造塔刻经，砍伐大片林木，耗去国家大量资财，却完成奈良朝印刷活动的一次盛举。平安朝（794—1184）以后，这种劳民伤财的事没有重演，小规模印刷仍细水长流，12 世纪末皇室政权衰微，实权握在拥有武力的将军手中，又进行长期内战，使该朝许多典籍毁于兵火。986 年因僧奝然（951？—1016）自宋带回宋太宗所赐全套《开宝大藏经》刊本，日本佛教印刷在这一刺激下又有新的发展。

自 8 世纪奈良朝日本兴起木版印刷之后，长期间只有木刻本盛行，因为嫌仓时代（1190—1335）以后，统治实权落入异姓将军手中，且不时发生内战，没有及时从中国再引进活字印刷技术。直到安土桃山时代（1573—1600）后期，16 世纪末才通过朝鲜半岛间接引进中国活字技术。在这以前，1590—1592 年从澳门来日本传教的意大利耶稣会士范礼安（1538—1606），随带西洋印刷工和活字印刷机、西文活字在日本九州的天草、加津佐及长崎秘密从事传教活动。范礼安在日本称伴天连，是其英文名的谐音。基督教日文称"吉利支丹"。范礼安以活字刊印了若干西文及日文书，称为吉利支丹版。不久因禁教令下，吉利支丹版传本较少。欧洲金属活字本虽出现于日本，但掌握这种技术的只有少数外国人。他们又很快离开日本，因而对日本印刷没有产生多大影响。

真正对日本产生技术影响的是中国系统的活字印刷技术，因为活

毕　　昇

字是汉字，能很快扎根于日本社会，而日本工匠也学会这种技术，1586
年将军丰臣秀吉（1537—1598）成为太政大臣后，元录元年壬辰（1592）
发动侵略朝鲜的战争，因为受到明朝和朝鲜联军奋力抵抗，以失败告终。
但日军在朝鲜看到用活字印书这种新事物，于是将活字版书、数以万
计的铜活字带回日本。1593 年以铜活字印《古文孝经》一卷，这是日
本以活字印书之权舆，但此书今已失传。这时日本当局还不知道范礼
安已在九州悄悄用西洋活字印刷机印过吉利支丹异教书。

当时后阳成天皇（1586—1610）好文学，急于以新颖的活版技术
印书，《古文孝经》就是他下令刊行的，因此称为"敕版"。因铜活
字铸造过程中以木活字为母模，所以日本还干脆直接以木活字印书，
因此也像中国、朝鲜一样，形成木版、木活字和金属活字并行发展的
局面。1597 年以木活字刊印《锦绣段》和《劝学文》，1599 年再刊《日
本书记·神代记》等，都是在后阳成天皇鼓励下刊行的官版。《劝学文》
有下列题记：

命工每一梓镂一字，綦布之一版印之。此法出朝鲜，甚无不便。
因兹摸写此书。庆长二年（1597）八月下潜。

因为是得自朝鲜的活字术，所以在初期活字本中常有"此法出朝鲜"
的句子。《劝学文》题记是用日本术语写的，一般中国读者不易读懂，
我们特将其译成现代汉语：

兹命刻工在每一木活字块上刻出一字，再将各活字植于一块印版
上，然后印刷。这种方法从朝鲜得到，甚为方便，因而用来印此书。

❖147❖

庆长二年（1597）八月下旬。

所要说明的是，16世纪末日本发展金属活字和木活字技术虽从朝鲜传入，但这些技术起源于中国，朝鲜成为技术传播的中间媒介。江户时代（1603—1868）以后，日本印刷获得全面的发展。德川幕府创始者德川家康（1542—1616）将军巩固统治后，致力于经济和文化建设，其后继者不乏杰出的政治家。这个时代基本上没有内战，也未发动对外战争，社会相对安定。幕府统治者恢复与中国发展经济、文化交流的传统，注重儒学尤其朱子学，使之成为官学，又设国家图书馆红叶山文库。德川家康于伏见城建学校，命工刻10万木活字，刊《孔子家语》等书，8年内刊活字本8种80册，称"伏见版"，其中包括吉田兼好（1285—1350）用日文假名写的《徒草子》。

德川家康在世时，1603—1616年还以铜活字印书，如1607年山城守直江兼续（1560—1619）于京都要法寺以铜活字出版《六臣注文选》61卷，现有传世本。1605年德川家康将大将军位让与其子德川秀忠（1579—1632）后，自己退居于骏府（今静冈）视政。1615年家康令大儒林罗山（1583—1657）于骏府主持以大小铜活字排印《大藏一览》125部，次年再刊《群书治要》60部，世称骏府版。所用活字多数来自朝鲜，不足部分由在日本的中国人林五官补铸，先后补铸大小铜活字1.3万个。日本学者山井重章在《群书治要》跋中说："元和二年（1616）命金地院崇传及林道春（罗山）用征韩所获铜活字刷印，文字不足，命汉人林五官者增铸，又召刷工于京师，召五山僧掌校正"。因而我

们看到，中国金属活字工匠直接参与了日本早期铜活字印刷。有人说林五官是朝鲜人，这是没有根据的，因为日本史料明确说他是明代中国人。从传世骏河版印版观之，其铸字、排版方法正是以中国为主体的东亚汉字文化圈内金属活字技术传统方法。

江户时代木活字印刷也有很大发展，1608年以后的几十年间京都嵯峨的素封家角仓素庵及本阿弥光悦刊行《伊氏物语》等20多种日文书，以草书平假名木活字印出，称为嵯峨本或角仓本。《伊氏物语》是平安朝成书的古典文学名著，此活字本还配有木刻插图。假名活字很像中国元代回鹘文木活字，每个字块上将若干平假名字母连刻在一起。因之各活字虽然高度及字面宽度相同，但字面长度不一，这在日本是一项创举。《伊氏物语》印刷用纸相当考究，以云母笺刷印，纸上还有砑花图案，这种版本必受到读者喜爱。

江户朝与前代不同，出版佛经不再是印刷的主流，但刊刻《一切经》或《大藏经》的巨大工程此处不能不提。自镰仓朝起日本僧众即有刊刻佛藏的宿愿，虽世代努力一直没有如愿。江户朝已有足够条件从事此举，而且中国、朝鲜不同版本的藏经皆已传入，可资借鉴。宽永十四年（1637）大僧正天海（1536—1643）受幕府第三代将军德川家兴（1604—1651）之命，于东睿山宽永寺主持刊行《一切经》，由幕府出资。此工程积12年努力，于1648年3月告成，共1453部、6323卷，665函，刻工及用纸皆精，世称天海本或宽永寺本。这是日本第一部官版《大藏经》，也是日本藏经开版之嚆矢。天海本还是木活字本，

其意义更大。这以前中国、朝鲜虽多次刊藏，但皆为雕版，元英宗至治元年至三年（1321—1323）计划以铜活字刊藏，因被叛臣所弑而未果。活字版藏经是从日本开始的，从而创下新纪录。

日本木活字本《一切经》刊成之际，天海已圆寂，为表彰其业绩，后光明天皇敕谥他为慈眼大师。这部藏经的出版把日本活字印刷推向一个高潮。但日本像朝鲜一样，没有从一开始发展泥活字印刷，与中国略有不同。但在发展金属活字、木活字印刷期间，木版印刷在日本仍居主导地位，从 19 世纪中叶引进西洋近代印刷技术后，铅活字印刷逐步成为主流，这又与中国相同。

嘉永元年（1848），荷兰商船把活字印刷机和活字输入长崎。当时任翻译的本木昌造（1824—1875）对活字印刷术非常倾心。1855 年在长崎设立了海军传习所，1856 年设立了"活字判摺立所"，用来印刷荷兰文献。1857 年又在出岛设立了印刷所，本木昌造作为译员被派去负责校阅印刷品。本木实际从事活字的铸造和印刷业是在 1869 年，当时本木和其他人在长崎设立了"新街私塾"，为弥补经费不足，开始经营印刷业。当时旧萨摩藩的儒臣重野厚之丞从上海购入活字印刷机及汉文、西文活字，本木对此做了研究，但没有结果。经过在长崎的美国英语教师的介绍，本木昌造把归美途中的原上海美华书馆的姜别利（W.Gamble，1830—1886）迎到长崎。1869 年末至 1870 年春用 6 个月的时间学习了活字铸造和电镀版技术，当时的作业场所叫做长崎制铁所附属活版传习所（新塾活字制造所），起初研制并不成功，

毕昇

1871年委托门人平野富二（1846—1892）负责。平野在第二年完成了新塾活字制造所的号数制活字，长崎新街私塾刊行的《新塾余谈初编》的卷末，刊登了第一个活字广告。由于这些活字在东京享有很高声誉，于是在1873年移到东京，这就是东京筑地活版制造所，当时在东京活字印刷界，"筑地的平野"名声极高。从1872年崎阳新塾活字制造所的活字样本看，1号至5号的明朝体金属活字和上海美华书馆的书体完全一样，是以美华书馆的金属活字为种字，用蜡型电胎法制造母型，然后铸造的。1873年平野活版5号明朝体也据美华书馆的活字仿造。

（三）对越南的影响

地处东南亚的越南，与中国山水相连，也是汉字文化圈国家，自古与中国保持密切联系。越南民族是分布于长江中下游广大地区的古代百越之一支，后迁移至今越南境内北部，形成一些部落，先后出现瓯雒国和南越国。汉武帝时于元鼎六年（前111）灭南越国，于其地置交趾、九真及日南等郡。

从此以后直到北宋初的千余年间，越南与中国大陆受同一封建朝廷统治，使用同样的年号和汉字。1世纪时，东汉陕西人锡光和河南人任延分任交趾及九真太守，将大陆先进农耕技术引入越南，又发展冶铁等手工业，建立学校，讲授儒家经典，与中原往来频繁。2世纪后半叶，广西博学之士士燮任交趾太守，他在任内40年进一步发展文化教育和

佛教，又收留大批汉人工匠、农民和学者前来，使境内文教为之一盛。越南历代统治者敬重士燮，将他祭入帝王庙或孔子庙，认为他是"南交学祖"。

《汉书》卷28下《地理志》载交趾、九真及日南三郡人口98.1万，其中一半为来自中国的移民，境内经济、文化发展程度可与中原相埒，而且是中国对东南亚和欧非海上交通和贸易的中转站。越南境内造纸就是在士燮任交趾太守时（187—226）开始的，很可能是由这位太守倡导的。最初的造纸者是从汉土前来交趾的中国工匠。东汉以后，越南受三国时代吴（222—280）统治，交趾太守士燮投吴，由孙权封为卫将军及龙编侯。吴将交趾、九真及日南合并为交州，由士燮、士一兄弟掌权，此时造纸继续发展。三国时吴人陆玑（210—279）《毛诗草木鸟兽虫鱼疏》写道：

　　榖，幽州人谓之榖桑，或曰楮桑。荆、扬、交、广谓之榖。中州人谓之楮桑。……今江南人绩其皮以为布，又捣以为纸，谓之榖皮纸。长数丈，洁白光辉。

此处所说榖、榖桑、楮桑或楮，均指桑科落叶乔木构，其韧皮纤维为优良造纸原料。东汉人蔡伦（61—121）于105年在洛阳造楮皮纸，三国时楮纸生产已推广到中州（河南）、幽州（河北、辽宁）、荆州（长江中游）、扬州（长江下游）、交州（越南北部）和广州（广东、广西）等地，而荆、扬、交、广都属江南吴的属地。可见越南在生产麻纸后，3世纪初又产楮皮纸。"长数丈"中的"丈"或为"尺"之误。又晋人

稽含（262—306）《南方草木状》载：

蜜香纸以蜜香树皮作之，微褐色，有纹如鱼子，极香而坚韧，水渍之不溃烂。太康五年（284）大秦献三万幅。（帝）尝以万幅赐镇南大将军、当阳侯杜预，令写所撰《春秋释例》及《经传集解》以进，未至而杜卒。诏赐其家令藏之。

《晋书》卷3《武帝纪》称，"太康五年（284），林邑、大秦国各遣使来献。闰四月，镇南大将军、当阳侯杜预卒"。按蜜香树为瑞香科香料树沉香，其韧皮纤维可造纸。"大秦国"通常指罗马帝国，林邑为越南中部的占城或占婆。德国汉学家夏德（Fdedrich Hirth，1845—1927）《大秦国全录》就此写道：284年一批叙利亚或亚历山大城商人经越南来中国贸易，向中国朝廷送礼，其所携大秦货品售出后，购买越南出品充作本国货进贡。此解释合乎情理，但认为大秦指叙利亚或埃及亚历山大城恐不确切。当罗马帝国商人在越南买3万张蜜香纸在洛阳献给晋武帝后，帝将其中1万张转赐当阳侯杜预（222—284），可见3世纪时越南还产沉香皮纸。产纸区集中于北方，李朝（1009—1225）以后南方造纸逐渐发展，造纸技术与中国是一样的。

中国木版印刷品尤其佛经、历书早在唐代就传入越南。宋以后继续如此，《宋史·真宗纪》载景德三年（1006）"交州来贡，赐黎龙廷《九经》及佛氏书"。黎龙廷为前黎朝（980—009）统治者，宋廷赠他的儒家《九经》和佛典都是宋刊本，后者可能是宋刊《开宝大藏经》。宋以后中国各种印本源源不断传入越南。1075 年起越南推行科举取仕制度，对读物需要日增，促进了印刷术的发展。从文献来看，陈朝（1225—1400）初，13 世纪曾以木版印制户籍，当然也可印书籍。越南史家吴士连《大越史记全书》《陈纪二》写道：

〔陈明宗〕大庆三年（1316）阅定文武官给户口有差，时阅定官见木印帖子，以为伪，因驳之。上皇闻之曰：此元丰（1251—1258）故事，乃官帖子也。因谕执政曰：凡居政府而不谙故典，则误事多矣。

这是说，1316 年陈明宗时核查户口，阅定官发现所进陈太宗元丰年（1251—1258）的"木印帖子"即木版印刷的户口簿，以为是伪造的，拟驳回。陈明宗听后说，此乃元丰年所印官帖子，并令政府官员应熟知前朝典故，否则误事。这是越南有关印刷的最早文献记载。陈太宗元丰年相当中国南宋末期，此后陈英宗于 1295 年遣中大夫陈克用使元，求得《大藏经》一部，1299 年于天长府（今南定）刊行其中部分佛经。阮朝（1802—1945）国史馆总裁潘清简主修的《钦定越史通鉴纲目》卷 8《陈纪》载：

英宗七年（1299）颁释教于天下。初（1295）陈克用使元，求《大藏经》。及回，留天长府，副本刊行。至是（1299）又命印行佛教法事道场、公文格式，颁行天下。

《越史通鉴纲目》卷 37《黎纪》称，后黎朝（1428—1527）太宗绍平二年（1435）官刊《四书大全》，以明刊本为底本。黎圣宗光顺八年（1467）又颁《五经大全》及诸史、诗林、字汇等印本。刊书地

点集中于历代首府河内，除官刊本外，还有私人坊家出版大众所需的书。越版书主要是汉文本和汉文字喃注本。字喃是 13 世纪初李朝末期用汉字笔画和造字方法创造的纪录越语的方块象声文字。阮朝定都于顺化，这里成为另一印刷中心。除文史、宗教书外，还出版一些实用科技书，如后黎朝医家潘孚先的《本草植物撮要》和黎有卓（1720—1791）的《海上医宗心领全帙》等。越版书版式与中国印本相同，但传世者数量不多。

《大越史记全书》卷 8《陈纪》还记载陈朝末年（14 世纪末）发行纸币之事：

顺宗九年（1396）夏四月，初行通宝会钞。其法十文幅面藻，三十文幅面水波，一陌（100 文）画雲，二陌画龟，三陌画麟，五陌画凤，一缗（1000 文）画龙。伪造者（处）死，田产没官。印成，令人换钱。

此次印发纸币是依少保士汝舟之议，仿中国明代大明通行宝钞制度而进行的，纸币名为"通宝会钞"。印成后，令收京城及各地铜钱入国库，禁民间私藏、私用铜钱，伪造钞者处死。面额有 7 种：10 文、30 文、1 陌（100 文）、2 陌、3 陌、5 陌及 1 缗（1000 文），每种面额钞面饰以不同图案，最高面额者饰以龙纹，票面钤以官印。钞面上还应有字号，取《千字文》中的字及数字联合编号，如"某字第某某号"，而且要以活字植入印版凹空处印出。中国历代宝钞向以铜版及铜活字印制，越南通宝会钞亦当如此，因此虽然至今该钞及其印版没有保存下来，应与大明宝钞大体相同。就是说，1396 年起越南按中国方法以

铜版及铜活字印发钞币。后因滥发纸币，造成经济混乱，至后黎朝时又恢复用铜钱。

阮朝成泰年抄本《圣迹实录》、《法雨实录》有"奉抄铜板，只字无讹。嘉福成道寺藏版"等字。此处"铜板"书应理解为铜活字本，这类书没有保存下来。阮朝是越南最后一个封建朝代，阮宪祖绍治年间从中国买回一套清代木活字，1855年用以排印《钦定大南会典事例》96册，1877年再印《嗣德御制文集》《诗集》68册。翼宗阮福时对中国文学很有修养，以木活字出版其诗文集。现所见越南古书，多木版，印以竹纸，活字本少见。活字印刷虽有，但规模不及中、朝、日三国。对其印刷史的研究因资料不多，尚待深入展开。

（四）对菲律宾的影响

亚洲许多国家虽在古代不同时期发展造纸，却并未发展印刷技术，这些国家是在16—17世纪西方人来到之后才有了印刷业的，只有日本、朝鲜、越南、菲律宾和泰国五国例外。五国中前三国已在上文中谈到了，此处讨论菲律宾印刷早期历史。菲律宾是西太平洋的群岛之国，与中国福建、广东与台湾只有一海之隔，帆船3日可到，因之自古以来中菲关系较为密切。明代时两国经济、文化交流和人员往来进入新的阶段，明成祖对海外事务特别关注，积极发展与菲律宾的关系。《明史》卷325《苏禄国传》称，永乐十五年（1417）苏禄国东王八答剌、西王葛剌麻丁和峒王叭剌卜各率家眷及随从340人访华，受明成祖款

待，赠予中国衣冠、金银钱钞、日用器皿及丝绸等物，此后又多次遣使中国。

与此同时，大批中国商人前往菲律宾经商与侨居。《明史》卷 323《吕宋传》载，"闽人以其地饶富，商贩者至数万人，往往久居不返，至长子孙"。这些华侨经营农业、手工业和商业，其中包括造纸和印刷。除吕宋岛外，华侨还参与南部棉兰老岛的开发。明人张燮《东西洋考》（1618）卷 5 称岛上居民"以衣服多为富，（写）字亦用纸笔"。

1565 年菲律宾沦为西班牙的殖民地，殖民统治者迫害华侨，但 1595—1596 年任代理总督的西班牙官员莫尔加不得不承认菲律宾"没有华人就无法存在，因为他们都是精通各行各业的工匠"。他们从事造纸、火药、冶金、铸炮、纺织、建筑、制瓷、银器、榨糖等生产。经商的华侨则将各种中国货物运到这里，并通过这里转运到美洲新大陆的墨西哥等地区。

菲律宾在发展印刷之前，中国出版的书已由华人、菲律宾人和西班牙人携入境内。例如西班牙人拉达于 1575 年（明万历三年）7 月在福建泉州、福州等地停留 3 个多月，买到不少中国书带回马尼拉，此后又编写一本汉语辞典、撰写了游记。次年，这些书和游记稿又转至西班牙。这些书包括史地、法律、造船、天文、乐律、数学、本草、弈棋、马术及军事方面的书。1590 年菲律宾首任天主教大主教沙拉萨尔致西班牙国王菲利普二世信中，谈到马尼拉华人聚居区巴连的繁荣情况时写道：

　　我毫不犹豫地向陛下断言，在西班牙或本地区没有其他城市有像巴连那样值得观赏的地方。在这个市场上可以看到中国的各种行业、各种商品以及来自中国的各种稀奇货物。这些商品已在巴连开始制造，……在巴连可以找到各行各业的（中国）工匠。

　　在马尼拉的技艺精湛的工匠中，最负盛名的是福建印刷工龚容。西班牙殖民当局强令菲律宾人和当地华侨改成西名并改信天主教，因此龚容取西名为胡安·维拉，在马尼拉开业印书。马德里国立图书馆藏有最早刊于菲律宾的汉文版书，是1593年（明万历廿一年）问世的科沃著《天主教义》。此书就是龚容刻版印刷的，题为《新刻僧师高母羡撰无极天主正教真传实录》，西班牙文原名为《自然法则的理顺与改善》。此书前三章与宗教有关，后六章介绍地理学及生物学知识，包括地圆说。作者高母羡，羡为Juan音译，高母为Coho之译。此人为西班牙多明我会士，1588—1592年在菲律宾传教，从华侨习汉文，写成此书。

　　上述书汉文本出版的同一年（1593），又以菲律宾当地民族的他加禄文（1962年定为菲律宾国语）出版，也是龚容用木版印刷的。菲律宾远东大学教授赛德写道：

　　1593年出版了两本有关基督教义的书，一为他加禄文本，另一为汉文本，都是在马尼拉由一位中国教徒龚容刻印的。他是菲律宾第一个闻名的印刷工。

　　因此菲律宾的印刷是从龚容首开其端的。他在完成木版印刷之后，

明万历三十年（1602）于晚年时又成功地铸出金属活字（铜活字），用以刊印汉文及西文书。1640年西班牙教士阿杜阿尔特谈到龚容时写道：

　　他致力于在菲律宾这块土地上研制印刷机，而在这里没有任何印刷机可供借鉴，也没有与中华帝国印刷术迥然不同的任何欧洲印刷术可供他学习。……龚容（Juan de Vera）不懈地千方百计且全力以赴地工作，终于实现了他的理想。……因此这位华人教徒龚容是菲律宾活字印刷机的第一个制造者和半个发明者。

　　很可惜，1602年龚容研究金属活字印刷技术成功后，次年便在马尼拉与世长辞。但他的弟弟佩德罗·维拉（Petrode Vera，汉名待考）和徒弟接过这些活字和印刷设备出版活字本著作，事实上他们亦事先参与了铸字试验。1911年西班牙人雷塔纳《菲律宾印刷术的起源》一书中介绍说，维也纳帝国图书馆藏有汉文本《新刊僚氏正教便览》，作者汉名译为罗明敖·黎尼妈，规范译名应为多明戈·涅瓦。"僚氏"为西班牙文Dios（天主）之音译，则此书应今译为《新刊天主正教便览》。书的扉页印以西班牙文：

　　《天主教义便览》。由多明我会士多明戈·涅瓦神甫以汉文编成。由佩德罗·维拉（龚容之弟）刊于宾诺多克的萨格莱书铺。时在1606年。

除扉页为西班牙文外，全书正文均为汉文。从序页可见此书书名及作者名："巴礼罗明敖·黎尼妈新刊僚氏正教便览"，"巴礼"为西班牙文神甫之音译。接下，这位在菲西班牙教士用不通顺的汉文在序中写道：

夫道之不行，语塞之也。教之不明，字异迹也。僧因行道教（天主教），周流至此（菲律宾）。幸与大明（中国）学者交谈，有既粗知字语。有感于心，乃述旧本，变成大明字语（汉文），著作此书，以便入教者览之。

多明戈·涅瓦（罗明敖·黎尼妈）是继胡安·科沃（高母羡）之后，在菲华侨区传教的另一教士，为开展工作，必须学会汉文汉语。此刊本《正教便览》半页9行，每行15字。

从1593年起至1608年止，菲律宾的印刷一直由华人所垄断，他们既经营印刷厂，又经营书店。1911年西班牙人雷塔纳列举了1593—1640年间在菲律宾的8名中国印刷人的名字，但没有给出其汉名，只给出其西班牙名。他们出版过汉文、西班牙文和他加禄文书籍，形成有实力的出版集团。无疑，明代福建人龚容是其中为首的一位，他们兄弟在马尼拉巴连开设的萨格莱书铺，是当地最大的书坊，既出版木刻本，又出版铜活字本。我们知道，明代中国福建省铜活字印刷相当发达，给来访的西班牙人拉达以深刻印象，因此龚容的铸字技术显然来自他的故乡。在华人的技术传授下，1608—1610年以后才有菲律宾人参与印刷工作。

东南亚国家中，还有泰国按中国传统技术发展印刷，大城王朝时与明代保持频繁的友好往来。当时中国史籍称其为暹罗。王圻《续文献通考》卷47《学校考》载，暹罗国王为培养通汉语的人才，洪武四年（1371）派年轻子弟来南京国子监学习。此后两国互派留学生，学习对方语文。而福建、广东手艺人也随商船前往泰国谋生，隆庆元年（1567）以后，中国手工业者在泰国经营铁农具及铜铁器制造、制茶、制糖、造纸、印刷及食品等行业。由华人经营的坊家出版以汉文为主的木刻本，读者对象是华侨和懂汉文的泰国人。却克里或曼谷王朝时出版泰文和汉文著作，早期泰文本包括《三国演义》等中国书的译本。

（五）对中亚和西亚的影响

中亚和西亚各国在中国古书中通称"西域诸国"，从陕西西安经今甘肃、新疆西行，即可到达西域，这条陆上丝绸之路从汉代（前2世纪）就已开通，西域还是中国通向欧洲陆上通道的必经之地。新疆从5世纪就已造纸，纸和丝绸等商品运往西域。唐初，中国内地通向波斯（今伊朗）的商路受阻，因西突厥控制今新疆至里海以东西域各国。为打通东西方商路，唐太宗多次对西突厥用兵，至高宗显庆四年（659）灭西突厥，其原来控制的各国内附于唐，唐设安西都护府以辖治之。玄宗时改安西节度使，势力范围西至里海东岸，商路再次畅通，西域各国受益，与唐有密切往来。20世纪30年代中亚康国首府（今乌兹别克的撒马尔罕）西120公里处的穆格山出土年代为709—723年的古纸。

康国用中国纸写官方文件，还将纸售至波斯。

当唐帝国经营西域之际，7—8世纪阿拉伯人建立的伊斯兰教国在西亚兴起，其首领称"哈里发"，集政、教、军三权于一身，他们征服埃及、叙利亚和波斯。至阿拔斯王朝时，与唐争夺对中亚、西亚贸易通道的控制权，逐一掠取中亚国家。唐玄宗天宝十年（751）安西节度使高仙芝领兵与阿拉伯将军沙利的军队在怛逻斯交战。此处在今哈萨克斯坦首都塔什干东北的江布尔。战役后，阿拉伯将领发现中国战俘中有会造纸的，遂令他们在撒马尔罕建立纸厂，生产麻纸，导致造纸术的西传。此后在巴格达、大马士革、开罗和非斯都建起纸厂，在阿拉伯世界的中亚、西亚和北非地区都发展了造纸，在输往欧洲后取得很大一笔财政收入。

阿拉伯帝国产纸后，因宗教、文化背景的关系，没有及早发展印刷，大概因《古兰经》与佛经不同，并不要求信徒反复抄写经文多次以积福根，因此没有要求机械复制代替手抄的迫切愿望。然而当信仰佛教的蒙古人入主伊斯兰教地区后，印刷术很快就发展起来了。

成吉思汗于1206年在中国漠北建立蒙古汗国后就开始西进，1211年灭西辽，1219—1223年率军至中亚，破花刺子模，陷布哈拉、撒马尔罕，进军至里海。阿拉伯阿拔斯朝从唐夺取的西域诸国，皆归蒙古察合台汗国统治。窝阔台即汗位后，1236—1241年派兵第二次西征，占领俄罗斯大片土地，攻入波兰、匈牙利，建钦察汗国，定都于伏尔加河下游的萨莱，逼进神圣罗马帝国的波希米亚。蒙哥汗在位时，

1253—1259 年再派其弟旭烈兀率军第三次西征，1258 年以火药武器攻下巴格达，灭阿拔斯王朝，结束了中世纪显赫一时的阿拉伯帝国的统治。

1259 年旭烈兀进军叙利亚，直达黑海。1260 年忽必烈即大汗位，册封旭烈兀于其所征服的地区建蒙古伊利汗国，包括今伊朗、伊拉克、叙利亚、小亚（土耳其亚洲部分），定都于伊朗的大不里士。蒙古大军以武力打通东西方之间一度阻塞的陆上与海上丝绸之路，使伊利汗国成为东西方贸易和科学文化交流的枢纽。汗国最初统治者致力于恢复经济和文化建设，从中国调来工匠、医生、技师与当地人一道将首都建成国际大城市。汗国受中国强烈影响，建筑物、水利灌溉工程、天文台、图书馆和工厂的兴建都有中国人参加，除清真寺外，还有佛教寺院。

阿鲁浑汗执政时，伊利汗国的经济、文化进一步发展。至其弟乞合都汗在位时，采取的一项重大经济举措，是禁用金属货币，而印发纸币，从而动用了印刷技术。1311 年合赞汗时曾任宰相的波斯学者拉施特奉命主编史学巨著《史集》，书中叙述了 1294 年乞合都汗发行纸钞之事。

1294 年乞合都汗在宰相兼财政大臣撒都剌丁建议下，于伊利汗国仿元代宝钞制度印发纸钞。至元廿一年（1284）元世祖忽必烈遣孛罗丞相出使伊利汗国，被留住于此。他是元世祖 1280 年发行至元通行宝钞的目击者或当事人，也成为伊利汗国印发纸钞的顾问。大不里士印

发的纸钞，仿元代至元宝钞形制，面额从半个迪拉姆至10第纳尔不等，钞面印以阿拉伯文、蒙古文，标明发行年代及伪造或拒用者处斩等字样，同时还印有汉字"钞"及其音译等字。除此，还应有纸钞的编号，以活字印出。

1294年7月23日在大不里士印钞厂完成印钞，8月13日由总督阿黑不花、脱合察儿、撒都刺丁等宣布诏令。"约一周内，人们害怕被处死，接受了纸钞，但用它换不到多少东西。大不里士城大部分居民不得不离开，……最后，推行纸钞的事失败了。"发行纸钞时因经验不足，没有足够的金本位支撑，发行数额过大，加上当地居民不习惯使用这种新的货币形式，最后导致失败。但此举在西亚地区印刷史及货币史中有重大意义和深远影响，由于印制纸钞在欧洲人之前进行，从而开创中国整版印刷和活字印刷技术西传的先河。波斯人拉施特丁还在1311年《史集》世界史部分介绍了中国的印刷技术，同时代著名诗人达乌德1317年在《论伟人历史及世系》中引用了拉施特丁有关中国印刷技术的记载。

波斯诗人达乌德的上述书简称《智者之园》，与拉施特丁的《史集》齐名，受到文艺复兴时期欧洲人的注意。这两部书中关于中国印刷技术的记载，使印刷知识从西亚向红海和地中海地区进一步扩散。

至于说到中亚，掌握印刷知识应当比西亚还早。因为蒙古察合台汗国领土包括今中国新疆、哈萨克斯坦、乌兹别克斯坦、塔吉克斯坦一部分、吉尔吉斯斯坦及阿富汗北部，都城设于阿力麻里（今新疆霍城附近），汗国东部的吐鲁番在13世纪初已有非常发达和分布广泛的

印刷工业。20世纪初以来，在吐鲁番地区出土汉文、回鹘文、蒙古文、西夏文、藏文和兰察体梵文的印刷品，多与宗教有关。其中兰察体梵文印本为佛经，版框外印有汉文"十万颂般若〔经〕第十三上"字样，表明是由汗国境内的汉族工匠刻版的，其印本年代为13—14世纪之交。这种字体的梵文通行于当时中亚一带。察合台汗国西部重镇撒马尔罕（今乌兹别克斯坦境内）是著名产纸区，东部的印刷工很容易在这里发展印刷业，刻印佛经行销。

特别值得注意的是，1908年在甘肃敦煌发现960多枚12—13世纪的回鹘文木活字，字体工整，当是察合台汗国内回鹘人用以印刷的。吐鲁番地区起着丝绸之路上东西方贸易中转站的作用。境内叙利亚文、波斯文、吐火罗文、粟特文、梵文、突厥文和希腊文文书的出土，表明这个地区是居住着许多民族、操不同语言和具有不同宗教信仰的国际化商业区，共同的商业往来使他们聚集在一起。吐鲁番既是印刷地，就不能排除将印刷技术传到汗国西部以至更远的地区。为适应出口需要，印刷品印以各种文字，以满足输入国要求。既然能制成回鹘文活字，当然也能制成同属拼音文字系统的其他语言的活字，并将活字本出口。这就导致中国活字技术的西传。

（六）对非洲的影响

中国印刷术还通过蒙古伊利汗国的波斯传到非洲。1878年在信仰伊斯兰教的埃及北部法尤姆古墓出土大量纸写本的同时，还有50多件

印刷品残页伴出。这批文物后来归奥匈帝国赖纳大公爵拥有，他死后交由奥地利国立图书馆赖纳特藏部收藏。印刷品除大部分藏于维也纳外，德国海德堡大学图书馆藏 6 件，1922 年由格鲁曼博士鉴定为木版印刷品，其中一件印在羊皮板上，5 件印在纸上。维也纳收藏的 50 件印刷品，用纸粗精不一，较大者约 30cm×10cm，其余是较小的残页。有的印刷精美，有行格，有的刻印粗放，无行格。除印以黑字外，还有印以朱字的。卡特博士作实物研究后，得出结论说：现在有种种证据显示，它们不是用压印方式印成的，而是用中国人的方式，将纸铺放在版木之上，用刷子轻轻刷印成的。

用中国技术印刷的这些埃及出土文物上的文字，是不同字体的阿拉伯文，因为是残页，没有留下带年款的部分。经阿拉伯文专家卡拉巴塞克和格鲁曼研究后，认为这批出土印刷品内容与伊斯兰教有关，其中有祈祷文、辟邪咒文，也有《古兰经》经文。他们还根据阿拉伯文字体将这批印刷品定为 900—1350 年间的产物。这应理解为印刷品年代的时间上限和下限，将下限定为 1350 年是正确的，因与印刷品同出的纪年纸写本年代截止于此时，再无晚于此时者。

但将印刷品时间上限定为 900 年，肯定为时过早。就以一度认为最早的印件而言，内容为《古兰经》第 34 章、第 1—6 节，原初步断为 10 世纪初之物，据说此件上的阿拉伯文字体最早。但正如卡特所指出的，单纯按字体断代有很大局限性，字体较早的印刷品可能用早期写本字体刻版。在埃及和其他伊斯兰教地区不可能在 900 年这样早用纸来印《古

兰经》，因为阿拉伯帝国时代的哈里发们认为手书经典才合乎教义。后代人用早期手书体印《古兰经》，字体虽古，不能证明印本也古。卡特认为这批印本肯定都是 14 世纪中叶以前之物，但不会早到 10 世纪，有些就是 14 世纪产物。

1954 年格鲁曼访问埃及开罗后，对赖纳藏品中那件原断为 10 世纪的《古兰经》刊行年代产生疑窦，因为 1925 年以来在上埃及的乌施姆南、伊克敏的阿拉伯时代古墓中发现更多的木版印刷品，却没有 10 世纪那样早的。因此长时间引起人们注意的《古兰经》阿拉伯文刊本原来的断代，现在需要修正。从中国印刷术西传史角度观之，埃及出土的阿拉伯文宗教印刷品不管字体如何，都是蒙古西征后的产物，不可能早于 1294 年，因为在这一年伊斯兰教世界刚发展印刷，因此埃及印刷品的年代应在 1300—1350 年之间。

在埃及发展印刷之前，波斯的蒙古统治者 1294 年印发纸钞。1295 年合赞汗在伊利汗国成为新的统治者，并于同一年由佛教皈依伊斯兰教，将印钞技术用于出版伊斯兰教读物。这位具有科学素养的蒙古统治者，使伊利汗国在 13—14 世纪之际成为西亚出版中心。埃及是伊利汗国的近邻，双方有密切来往，共同信仰伊斯兰教、通用阿拉伯文，埃及印刷术显然是从伊利汗国传入的。埃及发展印刷时，正处于突厥族军事将领拜伯尔斯建立的马穆鲁克王朝的统治之下。"马穆鲁克"在阿拉伯语中意思是"奴隶"，马穆鲁克王朝又称奴隶王朝。

13 世纪以前阿拉伯哈里发或苏丹统治埃及时，以来自中亚的突厥

族奴隶充军，构成其正规军和宫廷卫队的中坚力量，他们作战骁勇，屡立战功，有的人便被提升为军官甚至将军，握有兵权，反使哈里发或苏丹受他们摆布。在反抗伊利汗国蒙古军入侵埃及和欧洲十字军东征的战争中，奴隶出身的拜伯尔斯将军保卫了埃及后，干脆夺去阿拉伯苏丹之权，建立自己的王朝统治。突厥是中国古代民族之名，游牧于今新疆阿尔泰山一带，后来西迁至中亚及西亚，有中国文化背景。突厥族上层军官成为埃及统治者时，虽已信奉伊斯兰教，但像蒙古汗一样，并没有不准刻印《古兰经》的清规戒律，因而埃及能继伊利汗国之后印刷宗教读物，虽然没有接着发展活字印刷。

据 1982 年 10 月 8 日出版的《犹太周刊》报道，英国剑桥大学总图书馆吉尼查藏品特藏部发现 14 世纪后半期的希伯来文印刷品，也以木版刊行。这说明信奉犹太教，居住在伊利汗国与埃及之间的犹太人也使用了印刷技术。犹太人善经商，在地中海地区与欧洲国家保持频繁的贸易往来。而伊利汗国和马穆鲁克王朝的埃及，都与欧洲隔海相望，也与欧洲有直接交往。欧洲旅行者和商人不能对其邻近地区的印刷活动一无所知，这就为中国印刷术向欧洲传播提供一个渠道，就像先前造纸术通过这里传入欧洲那样。因而欧洲早期作者认为印刷术通过钦察汗国、伊利汗国和埃及传入欧洲，并非没有根据。另一方面，元代时亚欧间交通开放，印刷术直接从中国传入欧洲也是可能的。

毕　　昇

（七）对欧洲的影响

　　12—13 世纪，西班牙、意大利和法国等欧洲国家通过阿拉伯地区引进中国造纸技术而建立起纸厂生产麻纸，但没有引进中国印刷技术，各种读物仍靠手抄。从 13 世纪起，欧洲人才知道中国印刷术并有机会接触印刷品。14—15 世纪以后，西欧文艺复兴时期由于社会经济、城市工商业、科学文教和基督教的发展，对读物的需要量迅速增加，手抄本的供应满足不了社会需要，因而有了刺激印刷术发展的温床，而印刷术的兴起又反过来促进科学文教和整个社会的发展。当欧洲需要印刷技术时，中国元明两朝正处于木版、铜版和活字印刷全面发展的新阶段，而这时又是中、欧直接接触空前活跃的时期，欧洲人可以通过印刷品的传递和人员思想交流等不同方式，获得中国印刷技术信息，经过摸索就能起而仿行，正如他们得到中国有关火药和磁学知识后，能仿制出火炮和指南针那样。

　　与欧洲邻近的蒙古伊利汗国，早在 1294 年就在波斯大不里士用中国技术印发了纸币。汗国的宰相波斯学者拉施特丁 1311 年还在《史集》中不但详细叙述了这次印发纸钞的经过，而且描述了中国印刷技术细节。汗国在合赞汗在位时印刷业进一步发展，而且将技术扩散到马穆鲁克王朝统治下的埃及。在欧洲周边的西亚和北非都有了印刷术，对欧洲人来说获得印刷品和技术信息，并不困难。

　　另一方面，由于蒙古军队的西征，重新打开了一度阻塞的亚欧之

间的陆上丝绸之路，沿途驿站有蒙古驻军把守，旅行是安全的。这就为各国人员往来和经济、技术交流创造了条件。例如法国国王路易九世遣本国方济各会士罗柏鲁 1253 年出使蒙古，随行者有意大利人巴托罗梅奥等人，他们在和林受蒙哥汗接见，1255 年返巴黎述职。罗柏鲁有游记名《威廉·罗柏鲁教友 1253 年出访东方后由其本人整理的游记》，简称《东游记》。书中谈到蒙古政权印发的纸钞时写道：

中国通常的货币是由长宽各有一掌的皮纸制成，纸面上印刷有类似蒙哥汗御玺上那样的文字数行。他们用画工的小毛刷（毛笔）写字，一字由若干笔画组成。

此处所述为元宪宗蒙哥在位时仿金代交钞制度印发的宝钞，以木版和木活字制成印版，印以桑皮纸。罗柏鲁是最早指出中国用印刷技术发行纸币的欧洲人，他本人在中国停留时也使用过这种特殊印刷品，更有可能见过其他印本书。他还谈到在和林遇到过日耳曼人、俄罗斯人、法国人、英国人、匈牙利人和阿拉伯人，可见当时东西方人员来往之频繁。在他回巴黎时，还与英国著名学者罗哲·培根会面，后者从交谈中得到不少中国技术信息，包括火药知识等。此后来华的意大利旅行家马可波罗也在其游记中谈到纸币的印刷。

13—14 世纪欧洲人接触的中国印刷品除纸钞、印本读物外，还有大众娱乐品纸牌，14 世纪印制的纸牌在新疆吐鲁番出土。蒙古西征时纸牌随蒙古军队传入欧洲。这些印刷品成为印刷术传入欧洲的先导。1350—1400 年间是欧洲发展印刷的最初阶段，早期印刷品是面向大众

的纸牌和宗教画，而意大利和德国看来是最早生产这类印刷品的欧洲国家。据德国奥格斯堡、纽伦堡早期市政记录，在 1418、1420、1433、1435 及 1438 年记事中多次提到"纸牌制造者"。据 17 世纪意大利作者札尼所载，威尼斯纸牌由中国传入：

　　　　我在巴黎时，一位在巴勒斯坦的法国传教士特雷桑神甫

　　给我看一副中国纸牌，告诉我有一位威尼斯人第一个把纸牌

　　从中国传入威尼斯，并说该城是欧洲最先知道有纸牌的地方。

　　从欧洲早期纸牌与中国纸牌形制相似以及中国与意大利在 13—14 世纪人员往来情况观之，札尼的说法是有根据的，即威尼斯较早用中国木版印刷术制造纸牌。能印制纸牌的地方，也自然能印制宗教画，而宗教画的形制应与孟高维诺 1298—1307 年在北京所印的相似。欧洲这两种最早印刷品出现于意大利和德国，并不偶然，因为意大利是罗马教皇的所在地，又是文艺复兴的策源地，由于对外贸易发达，与元代中国人员往来频繁。德国地处中欧，四通八达，与意大利和蒙古汗国较近，汇集着各方技术信息，造纸业又发达。最早在北京借用中国技术印制宗教画的孟高维诺和阿诺德分别是意大利人和德国人，这两个国家在欧洲发展印刷术是很自然的。现存最早有年代可查的欧洲木版宗教画，是 1423 年刻印的圣克里斯托夫与耶稣画像。此画为单张，1769 年在奥格斯堡修道院图书馆中发现，被贴在手写本封面上，后移

藏于英国曼彻斯特赖兰兹图书馆。画面上有圣克里斯托夫驮着手捧十字架的年幼耶稣渡水，左下角有从中国引进的水车。画下刻有两行字："无论何时见圣像，均可免遭死亡灾"，起着护身符的作用。画面印出后，曾饰以彩色。

更早的作品还有 1425 年刊印的宗教画《默示录》，刊地不详。荷兰盛行的《穷人的圣经》，也属于早期印刷品。意大利和德国应有更多藏品，但第二次世界大战时毁于战火。15 世纪时还有全是文字的宗教读物和大众教材，如 4 世纪罗马人多纳多斯编的《拉丁文文法》。这部文法书在各学校中长期用作教材，先前以写本形式流行，木版印刷发展后，各地出现很多印本，后来将这类书称为《多纳多斯》。

欧洲早期刊本与中国刊本的比较研究证明，二者在版面形制和制造工艺上很相似，这是值得注意的。据美国印刷史家德文尼的研究，欧洲早期印刷厂也是将画稿和文字稿写绘在纸上，再将纸上墨迹用米浆固着在木板上形成反体。顺着板材纹理面向刻工方向下刀刻之。每块木版刻出两页，中间有中缝。刻好后，将纸铺在涂有墨汁的版面上，以刷子擦拭。每张纸印毕后，沿中线对折，使有字的一面朝外成为书口。最后将各印纸折边对齐，在另一边穿孔，以线装订成册。

由此可见，欧洲早期木刻本在版面形制、刻版、上墨、刷印和装订等工艺程序上是完全按中国技术模式操作的，因而具有中国线装书的面貌。关键是版面设计取一版双页，每纸单面印出字迹，再沿中线对折，完全是中国式的，而与欧洲书的传统相违。欧洲语中的 folio 最

初意思就指这种对折本，后来才有另外含义。欧洲书页双面印刷，是后来的事。在德文尼作这项研究之前，其他欧洲学者已注意到其早期印本与中国印本的类似性，而且认为欧洲印刷术是从中国传入的。例如英国东方学家柯曾1860年《中国与欧洲印刷史》一义内，指出中、欧木版印刷书在各方面相同后写道：

我们必须认为欧洲木版书的印刷过程，肯定是根据某些早期旅行者从中国带回去的中国古书样本仿制的，不过这些旅行者的姓名没有流传到现在。

欧洲虽然古罗马时代就有印章和织物印染，但长期间没能使古典复制技术转化为出版书籍的印刷技术，直到13—14世纪中国印刷术传入后才有了真正的印刷术，这是历史事实。因此卡特认为："在欧洲木版印刷的肇端中，中国的影响其实是最后的决定性因素。"这是符合历史实际的客观见解。

14—15世纪之交，欧洲人引进木版印刷技术出版读物之后，很快就感到这种刻印技术不大适合他们的文字特点，于是宋元以来中国活字印刷技术受到他们的青睐。对欧洲人来说，有了木版印刷的实际经验之后，再发展活字印刷并不存在太大困难。而活字印刷则特别适合于拉丁文这种拼音文字系统，与具有数万个表意文字的汉文不同，欧洲通用的拉丁文以26个字母就可以拼成所有单词和文句。这种文字形体与汉文方块字不同，圆转之处较多（如a，e，o，d，q，s等），刻木版时不易下刀，欧洲刻工刻字肯定比中国人费力费时，且每出一部书要刻许多印版，刻字的绝对数反多于汉文，印后版即作废。这使欧洲出版木刻本书籍所用的材料和人工投入较多，成本也高。

11—13世纪泥活字、木活字和金属活字印刷已在中国相继发展，与木版印刷同时并行于世，木刻本与活字印本都在社会上流通，任人选用。活字技术不但在中国内地向各处扩散，而且还扩散到西北少数民族党项族和维吾尔族聚居的地区。地处亚欧陆上丝绸之路要冲而与中亚接连的新疆，维吾尔族与汉族工匠合作已于12—13世纪在吐鲁番地区研制出适合回鹘文（古维吾尔文）这种拼音文字的木活字，用以印宗教和非宗教读物，为汉文活字过渡到拼音文活字作了可贵的开端。

泥活字、木活字和金属活字这三种活字中，木活字最易制造。因此木活字成为欧洲人最先选用的活字，瑞士苏黎世大学神学教授特奥多尔·布赫曼1548年发表的书中谈到欧洲木活字时写道：

最初人们将文字刻在全页大的版木上，但用这种方法相当费工，而且制作费用较高。于是人们便作出木制活字，将其逐个拼连起来制版。

这是关于欧洲使用木活字印书的一条重要的早期记载。木活字是从木版通向金属活字的桥梁，木活字的使用使欧洲第一次掌握活字思想。

法国汉学家伯希和1908年在甘肃敦煌发现960枚回鹘文木活字，是元代维吾尔人用过的。这个发现揭示了活字技术从中国内地传到新疆，再由此向西传播的路线。法国印刷史家古斯曼因而认为中国活字

技术在 13—14 世纪元代时经两条路线传入欧洲：一是与蒙古察合台汗国的维吾尔人有接触，后来住在荷兰的亚美尼亚人在仁斯塔尔迪活动时，将活字技术传入欧洲；二是谷腾堡在波希米亚首府布拉格时学会了经中亚、俄罗斯陆上通道传入欧洲的活字技术。今天看来，这两种可能性都可能存在，也与更早期的欧洲作者的记载相符。

欧洲在 1426—1440 年间成功地以大号木活字印书，势必耗用较多的纸，并使书显得厚重，而当时纸还是较贵的。为了使印纸容纳更多文字，就要求使活字字号缩小。但欧洲人在制造以一个字母为单位的小号木活字时，遇到了技术上的困难，一是难以下锯，二是字块没有足够的机械强度，木活字的发展因此受到限制。在这种情况下，中国宋元金属活字又为欧洲人提供了借鉴。有了木活字印刷的经验后，只要解决金属活字铸造问题，就能发展金属活字印刷。欧洲得知中国几百年前已有木活字的同时，还有金属活字，但金属活字的制造显然要更为复杂，于是有人便从事这方面的探索性试验。

前述荷兰阿勒姆人杨松在制木活字时，就曾以铅锡试做过活字。与此同时，德国出生的银匠普罗科普·瓦尔德福格尔也做过同样试验。他在德意志帝国卢森堡王朝（神圣罗马帝国）的皇帝查理四世（1347—1378）统治下的波希米亚（今捷克）首府布拉格定居，1367—1418 年间在当地以制造餐具而驰名。波希米亚人反对德皇统治的胡斯战争爆发后，1433—1441 年瓦尔德福格尔移居纽伦堡，在冶金厂做工。1439 年成为离瑞士巴塞尔城不远的卢塞恩城公民。

　　1441 年瓦尔德福格尔再迁居阿维尼翁，此地在今法国东南部，在天主教会大分裂时期，1309—1417 及 1439—1449 年间是教皇的驻地，因而也是抄写和贩卖书籍的中心。阿维尼翁又距欧洲早期木版和木活字印刷发源地之一的意大利很近，从该城再向东北方向旅行，又进入神圣罗马帝国即德意志帝国境内。这里汇集各国人士和来自各方的技术信息。当瓦尔德福格尔从布拉格至纽伦堡，再至卢塞恩城时，必定经过德国上莱茵区，并在此停留，而在该地区康斯坦斯湖一带在 1430—1440 年间出现了铜版印刷，由此再扩散到莱茵区和意大利。铜版印刷和木版印刷是几乎同时从中国引进的，这种印刷形式虽然像木雕版那样属于整版印刷，但印版已由木板易为铜板，性能上优于木板。铜版印刷给瓦尔德福格尔产生深刻印象，但铜版仍只能印一种读物，且价格较高。

　　如果将活字用材由硬木代之以金属，就不需耗用整块整块的铜板，而活字也坚硬多了。瓦尔德福格尔从布拉格到阿维尼翁的闯荡生活中有了这种想法，他多年从事金属工艺的经验使他有可能将想法变成现实，到教皇驻地后发现用这种想法生产书籍将可谋生。据德国印刷史家沃尔夫冈·冯·施特勒默尔的研究，瓦尔德福格尔在阿维尼翁发展了一种"假写技术"（指不用手写，而以字块拼合、印出像手写的文字），并将此技术传授给犹太人卡德鲁斯、达克斯教区学士维塔利斯及其友人阿诺德·德·科斯拉克以及阿维尼翁的富人乔治。

　　10 多年之后，另一位德国人谷腾堡也作了类似工作并大获成功。

约翰·谷腾堡生于莱茵河与美因河汇流处的工商业城市美因茨，1418—1420 年就读于埃福特大学，因父亡而辍学，回美因茨习金工。1434—1444 年去斯特拉斯堡谋生，与当地人安德烈·德里策恩、汉斯·里费和海尔曼等签约，共同加工宝石、以新法制镜。其他人出资金，谷腾堡提供技术，获利共享。德里策恩 1436 年死后，其兄弟以继承人身份要谷腾堡转让技术秘法被拒绝，遂至官府起诉。案卷内称 1436 年谷腾堡向来自法兰克福的金匠迪内支付 100 基尔德金币，以换取"与印书有关的东西"。

这说明谷腾堡在制镜、磨宝石时突然改行，而转向印刷方面的秘密试验，但没有成功。1444—1448 年他外出旅行，可能去荷兰、瑞士巴塞尔或意大利威尼斯等地，带着问题作技术考察。1448 年回故乡美因茨，外出旅行使他眼界大开，找到解决问题的适当方式，继续试验。他向本城富商约翰·富斯特贷款，以所开发的技术和设备为抵押，合同五年有效期内利益均分，期满后将本息偿还债主。试验取得突破，1450 年铸出金属活字已处于实用阶段，用大号字出版拉丁文《三十六行圣经》，字样为手抄本哥特体粗体字。1454 年出版教皇尼古拉五世颁发的《赎罪券》。

谷腾堡技术生涯中最大成就是 1455 年用小号字出版《四十二行圣经》精装本，版面 30.5cm×40.6cm，每版含两页，双面印刷，共 1286 页，分两册装订。每个印张四边及两页间边栏都有木版刻成的花草图案，木版板框内植字，实际上是集木版与活字版于一身的珍本。

这一年合同期满，谷腾堡无力还债，经官府裁决，富斯特拥有印刷厂，继续雇用原来的技师、工人，其中包括舍弗。他也是德国人，就读于巴黎大学，擅长书法，谷腾堡铸字字样皆出其手，后来成为富斯特的女婿和继承人。他们合作出版不少书，还对活字字体、版面设计和铸字等方面作了改进。

谷腾堡与富斯特分手后，向其他人贷款，1456年在美因茨城郊另建新厂，继续出书。原在富斯特厂工作的普菲斯特又回到谷腾堡这里，成为重要助手。1462年美因茨发生动乱，富斯特印刷厂被毁，印刷工前往斯特拉斯堡、科隆、班贝格和纽伦堡等地逃命，将金属活字技术扩散到德国其他城市，以至欧洲各国，成为印刷的主流。谷腾堡的金属活字技术在当时无疑是最好的技术，但在世界印刷史中，金属活字并不是在他那个时代从欧洲开始的。今天我们知道，包括金属活字在内的活字印刷技术原理和铸字、排版、校对、印刷技术早在11—13世纪已在中国使用，因而从世界史角度看，谷腾堡不是金属活字技术的发明者。将他的技术方法与中国古法加以比较，就可看出他是位重要的技术革新家，而且在革新中还间有发明创造：

第一，中国11—13世纪以铜和锡的合金为活字材料，基本成分是铜——锡——铅三元合金。先刻出木活字为字模，再以翻砂铸造法铸出活字。谷腾堡以铅的合金为活字材料，基本成分是铅——锡——锑三元合金。成分配比时有变化，对1580年标准活字成分分析表明含铅83%、锡9%及锑6%，2%为铜铁。其特点是含铅量高，又俗称铅活字，

因而比铜活字便宜，又像锡活字那样熔点低而易铸，加入锑使硬度加大。这是对中国金属活字在合金选材上的改进。我们认为从技术经济学角度分析，谷腾堡以木字模采用翻砂铸造法，这样操作便捷，又省人力和财力。一些西方作者也有同样推断。

但德国研究者认为，谷腾堡先在钢制字块上逐一刻出阳文反体作为字模。再将字模以强力打入厚铜板上作成阴文字范，将字范放入黄铜铸箱中浇铸。在手工生产时期，这种铸字方法既费时间和人力，又耗费资财，增加了生产周期和成本，反不如翻砂铸造法合算。中国汉代时曾以金属范铸钱，但宋元以来从不用来铸活字与铜钱。东西方以铸造方法制金属活字，原理是相同的，但字模及字范用材上有异，也许因为西方拉丁文活字字号比汉字小，字母虽少，但圆转之处较多所致吧。

第二，中国古代木版和木活字印刷用松烟炭黑加胶水配成墨汁，涂在印版上为着色剂，欧洲也是如此。至于金属活字印刷所用的墨汁，中国用松烟或油烟炭黑与动物胶以 100∶30—100∶50 之重量比调成稠汁，经发酵而成的墨，有时调入少量植物油。古腾堡将亚麻仁油煮沸，加蒸馏松树脂而得到的松油精等物，经发酵制成适于铅活字用的油墨，中国等东亚国家不曾用过，这是一项创新。

第三，中、欧木版和中国活字印刷都是将纸覆在已上墨的印版上，以棕刷或皮垫擦拭，只印单面，再沿印纸中缝对折，装订成册。谷腾堡将欧洲压葡萄、油料或湿纸的螺旋压榨器加以改造，研制出立式螺

旋压印器。压印器框架为木制，底部座台上固定印版，其上面的压印板由铁制螺旋杆控制，可上可下，板下有硬毛毡。以人力驱动拉杆，调整压印板向印纸所施的压力。以羊皮包以羊毛的软辊蘸墨，涂在印版上，再铺上纸，摇动螺旋拉杆，通过压印板压力印出字迹。虽然仍一版双页，但每纸已两面印刷，印纸不再对折。一小时印20多张，一日印300张。这种灵巧装置可印厚纸、羊皮板，是东西方以前未曾用过的，应看做是一项发明。

综上所述可以看出，谷腾堡的金属活字印刷技术仍是沿用中国发展起来的活字技术原理和基本技术工序，但他因地制宜地以自己的方式变换了活字字模、字范的用材以及着色剂成分和压印方法，引入新的工具设备，从而革新了以中国为代表的东亚传统工艺，使之更适合于通用拼音文字的拉丁文文化区和基督教世界。在他发展的工艺中不乏新的发明，如螺旋压印器。虽然在他以前已有其他欧洲人作了初期的试验尝试，但他的工艺最为系统，且已成功地应用于大规模生产，培养出一批技术人才，使其技术推广于欧洲其他国家，他是欧洲金属活字印刷技术的奠基人。谷腾堡的技术后来又几经改进，成为世界近代印刷的发展起点，因此他在推进近代印刷的发展中做出了杰出贡献。对他的历史作用和贡献应给以肯定和恰如其分的评价。

约翰·谷腾堡之所以能在金属活字印刷领域内取得成就，是因为他吸取和总结了同时代其他欧洲人和中国古人在这方面的已有成果和技术经验，在中、欧交通大开放的时代集东西方技术之大成。当他在

铸金属活字之际，他的德国同胞正忙于用中国技术制造火药和铸造火炮，德国人不约而同地积极参与了文艺复兴运动，为欧洲新的思想文化和科学技术的兴起做物质准备。

　　我们知道，中国在欧洲以前四百年已于11—13世纪发展了泥活字、木活字和金属活字印刷，除汉文活字外，还有拼音文字系统的回鹘文活字。在13—14世纪亚欧交通开放的元代，木活字、金属活字技术继续与木版、铜版印刷并行发展，有足够时间和不同渠道实现东西方之间活字技术知识的传播。如果将中国与欧洲造纸、印刷起始时间做一对比，就会得出下表：

中、欧印刷起始时间的比较

时间　　　　　项目		造纸	木板	木活字	金属活字
起始时间	中国	~2 世纪	6~7 世纪	11 世纪	11~12 世纪
	欧洲	12 世纪	14~15 世纪	15 世纪	15 世纪
时间差		1000 年	800~900 年	400 年	300~400 年

　　从上表中可以看到，从手抄本到金属活字印本之间，欧洲像中国一样，经历了造纸—手抄本—木版—铜版—木活字本—金属活字本等5个技术发展阶段，技术演化历程相同。但欧洲从一个阶段向另一阶段过渡所需的时间，比中国大大缩短，特别是从木版到木活字和金属活字的过渡所需时间不足100年，而中国却用了600年左右，这是因为欧洲借鉴了中国的现成经验和技术，就像东亚的朝鲜和日本那样。从工艺上看，欧洲铸字、排版、校对、印刷、拆版和收字程序和所依据的原理，与中国也是相同的，只是使用的材料和某些工具出现变异。

　　我们还可对中国和欧洲早期金属活字的形体进行比较。谷腾堡的德国弟子策尔（1440—1505）1465 年在科隆出版的拉丁文本《怡情少女颂》一书中，有一页在排版时误将一个铅活字横放，被印了出来。可以清楚看出谷腾堡时代的金属活字为长立方体实体铸件，但字身有一小孔，外观形体与中国 12—14 世纪金属活字很类似。字身留孔是为了在植字时以铁线穿之，将活字穿联成行，防止在印版上晃动。欧洲活字与中国活字如此相似，说明谷腾堡时代欧洲人是用四百年前中国人用过的技术构思铸字的。

　　由此可见，欧洲发展金属活字印刷时所经历的技术演化历程、工艺程序和所据原理以及活字形体都与中国相同。科学史家从大量史实中总结出一条技术传播规律：在公元后第一个千年至近代科学兴起之前（1—16 世纪），越是较复杂的技术，就越不可能在一定时期内由不同地区重复发明。当某国有了某种技术过后，另一国又出现类似技术，只能用技术传播来解释，哪怕一种思想暗示也足引起技术传播。李约瑟以印刷术为例说明："至于印刷术的传播，我感到高兴的是谷腾堡知道中国的活字技术，至少听说如此。"谷腾堡及其欧洲先行者只要听说中国人能以木刻成活字和以金属铸成活字用来排版印书这种一般性的暗示，就可按其自己方式作铸字、排印试验，并作出一连串的发展。

　　13—14 世纪的元代中国与欧洲的频繁往来，是以往任何朝代都无法相比的，因蒙古统治者的势力范围从东亚向西一直延伸到欧洲腹地，而与神圣罗马帝国的波希米亚邻近。从中国到欧洲的陆上丝绸之路，

比以往任何时代都更加繁忙和安全。海上丝绸之路也同样如此，所经过的波斯湾、黑海和东地中海附近海域，在蒙古伊利汗国和钦察汗国控制之下，往来中国商船正如陆上各驿站那样有武装警卫。在元大都（今北京）与莫斯科、基辅、布拉格、纽伦堡、科隆、巴黎、阿维尼翁、威尼斯、热那亚和罗马等欧洲城市之间，有商人、教士、使者和旅行者穿梭往来，正是通过他们的媒介，将中国活字技术信息带到欧洲。即使不作书面介绍，也会作口头传播，只要说出画龙点睛的一句话就足以金针度人，何况传达的信息还不至于此。

中国金属活字印刷知识通过 13—14 世纪元代时访问中国的旅行者传入欧洲，从而为瓦尔德福格尔和谷腾堡研制金属活字奠定了最初的基础。谷腾堡技术活动的中国背景现在是越来越清晰了。这种知识的传播可能通过南北两条路线，沿陆上丝绸之路的北线传播的可能性看来更大些，这正是蒙古大军三次西征时踏出的亚欧直通的便捷而安全的路线，也是中国造纸术、火药术和木版印刷术以及其他技术发明西传所经历的主要路线。